A B B O T T

阿博特育儿笔记

［美］雅各布·阿博特◎著

胡彧◎译

中国出版集团 研究出版社

图书在版编目（C I P）数据

阿博特育儿笔记 /（美）雅各布·阿博特著；胡彧译．—北京：研究出版社，2016.7
ISBN 978-7-80168-954-2

Ⅰ．①阿… Ⅱ．①雅… ②胡… Ⅲ．①青少年教育—家庭教育 Ⅳ．①G78

中国版本图书馆 CIP 数据核字（2016）第 118032 号

阿博特育儿笔记

作　者	[美]雅各布·阿博特 著
译　者	胡　彧 译
责任编辑	刘姝宏
出版发行	研究出版社
地　址	北京市东城区沙滩北街 2 号中研楼
邮政编码	100009
电　话	010-64257481（总编室）010-64267325（发行部）
网　址	www.yjcbs.com
电子信箱	yjcbsfxb@126.com
印　刷	三河市南阳印刷有限公司
开　本	787mm×1092mm　1/16
印　张	16.5
版　次	2016 年 7 月第 1 版　2016 年 7 月第 1 次印刷
书　号	ISBN 978-7-80168-954-2
定　价	35.00 元

目录
CONTENTS

20 体罚并不是好方法

21 让孩子知道对父母感恩

22 结　语

01

教育孩子，首先要选对方法

一部分父母认为靠一些小伎俩、小把戏就能使孩子服从自己；或是认为孩子对父母所给予的爱心存感激，宁愿委屈自己也要让父母高兴。事实上，以上所有的这些做法与想法，都不能让孩子乖乖地服从父母。

A b b o t t

用“怀柔”的方法培养和教育孩子——这是本书的中心思想内容。一些父母看到这句话以后，很可能会产生一种误解。这种误解源自“怀柔”这个词语，因为在相当一部分父母看来，“怀柔”就是要抛弃自己在孩子面前已经树立起来的“权威”，并转而用一些小伎俩、小把戏来愚弄孩子。有的父母甚至将这种“怀柔”方法看作一种软弱、低效的教育手段。但是，本书所要说的“怀柔”手段却并非如这些父母所误解的那样，“怀柔”手段的真正目的是帮助父母在孩子心里树立一种全方位的、绝对的、不容动摇的权威。通过本书，广大父母可以了解如何更好地建立及保持这种权威。

三种不同的教育方法

父母为了使孩子服从教育，通常会采用以下三种方法：

耍小伎俩、小把戏的教育方式

许多母亲在将要与孩子“正面交锋”的时候，往往采取回避的态度，转而用哄骗、隐瞒等手段来使孩子顺从自己的意愿。

举个例子吧，一位大病初愈的母亲，想和丈夫一起坐着马车到野外去呼吸一下新鲜空气。不过因为她的身体还很虚弱，她希望路上能有一个清静的乘车环境，所以她决定不带自己的小女儿玛丽一起去，免得玛丽一路上吵吵闹闹。但是，这位母亲也很明白：如果玛丽看见了停在家门口的马车，并且知道了父母都要乘车远游的话，她一定会闹着一起去。这时，母亲为了掩饰自己的真实用意，便要了一个小把戏。她悄悄地脱掉了女帽和围巾，趁马车没来之前对玛丽说，你可以去外面看看小鸟的巢穴，或是和姐姐一起去花园玩耍。同时，她还叮嘱玛丽的姐姐一定要让玛丽在花园里玩得不亦乐乎，直到马车出发。但是，如果玛丽听到了马车到来时的响声，或是因为一些其他的原因对母亲产生了怀疑，那这位母亲所使用的小伎俩很容易就会被识破。我们可以想象，玛丽会十分反感，更有甚者，玛丽会坚持待在屋里，使母亲无法成行。在这个时候，有的母亲会随便编造一些借口，如谎称自己要去医生那里看病，如果玛丽非要跟去的话，医生就会强迫她服用一些很苦的药。母亲认为，这样的托词能够使玛丽不再跟着自己一起出门。

但是，当玛丽伫立在门口，看着马车渐行渐远的时候，她的脸上是否会出现迷茫与困惑的神情呢？她的情绪是否会因为对医生的畏惧和对母亲的不信任、失望、恼怒而产生激烈的起伏呢？经过这样的打击，很可能会使玛丽幼小的心灵形成难以愈合的伤口。而所有这些，玛丽的母亲又能否考虑到呢？当这位母亲坐上马车，看到玛丽的身影逐渐模糊时，她的嘴角很可能会露出一丝得意的微笑，她会为自己成功地欺骗了女儿而沾沾自喜。

母亲所说的“要去医生那里看病”这个理由，或许有真实的成分，不过大部分情况下都是母亲在撒谎。对女儿撒谎的母亲很难区分欺骗与虚假的界限，并且会逐渐将这种方法变成一种习惯。尤其是母亲在每次都能成功地依靠撒谎来骗取孩子的信任之后，在以后她与孩子的交流中，更会毫不犹豫地以撒谎来达到自己的目的。

循循善诱，并且给予孩子足够的情感关爱

很多母亲认为，教育孩子的时候应该循循善诱，并且给予孩子足够的情感关爱。因为只有这样才能对孩子产生良好的影响。例如，在与上面相同的情形下，母亲会将小玛丽叫到身边，一边用手轻轻地抚摸着她的头发，一边对她说："玛丽，今天下午妈妈要和爸爸坐着马车远行，但是你不能跟着一起去。你也知道，妈妈的身体最近一直不好，现在大病初愈，去野外逛一下能够帮助妈妈的身体早日康复。我知道你很爱妈妈的，而且也希望妈妈能够早日康复。妈妈还知道玛丽是个听话的好孩子，会乖乖地待在家里，对吗？这样，妈妈会更加爱玛丽，爸爸也会更加爱玛丽。等妈妈的身体好了以后，就带着玛丽一起出去玩，好吗？"

这位母亲使用这种教育方法，目的是希望孩子能够明白自己所讲的道理，同时唤起孩子对母亲所具有的那种深厚亲情。

用父母的权威使孩子服从教育

与前两种方法不同，第三种方法则是用父母树立起来的权威来使孩子服从教育。仍以与上面相同的情形为例，擅长用这种方法教育子女的母亲会说："玛丽，下午我要和你爸爸坐马车远行，为了你好，我们决定不带你一起去。"

"为什么呢？"玛丽有些疑惑地问。

"现在我还不能告诉你为什么，"母亲说，"但我回家以后，一定会给你一个解释的。我有一个很好的理由。无论怎样，我都已经决定了，你不能去。如果你是个乖孩子，就规规矩矩地待在家里。你可以坐在门前的小椅子上，看着马车来到家门前，我和你爸爸上车、出发，而且可以向我们挥手道别。"

这个时候，如果母亲发现小玛丽的脸上掠过一丝不悦的神色，或是表现出一些不情愿的身体语言，她还会接着说："如果你不能乖乖听话，还要到处

捣乱的话，那么在出发前，我会把你关在房子后面的暗室里。”

很多情况下，母亲这句最后的补充几乎是没有必要的。如果玛丽对母亲的这种教育方法已经习以为常，那么她是不会捣乱的。而且她马上会意识到，这个问题已经没有必要再继续争论下去了。因为无论怎样，母亲都不可能改变决定了，即使她表现出叛逆、反抗的神色或行为也无济于事。玛丽虽然会为自己不能与父母一起远行而感到遗憾，但她决不会激烈地反抗。因为在此之前，玛丽就已经发现，就算自己用大声嚷嚷或其他一些捣乱的行为来表达自己的不满，也从来没有得到过父母的迁就。所以，当孩子用反抗方式表达不满却不能取得成功的时候，他就不得不放弃这种做法。而对一个从来没有这些经验的小孩来说，他压根儿就不会想到要采用这些手段与母亲对抗。

什么才是正确的方法

在这一章，我们介绍了三种教育孩子的方法。只有最后一种方法能够让父母放心、孩子安心。在父母“怀柔”手段的辅助下，采用这种方法来教育孩子，其成效要比其他两种方法好得多，本书的目的就是要向广大父母展示这种良好的效果。教育孩子的目的在于使他们变得理智。在这一过程中，父母自身的技巧和能力固然很重要，但是要使这种方法取得最好的效果，就必须建立在一个牢固的基础之上。这个基础就是：孩子要绝对服从父母的权威。

父母对孩子负有抚养、教育的责任。一部分父母认为靠一些小伎俩、小把戏就能使孩子服从自己；或是认为孩子对父母所给予的爱心存感激，宁愿委屈自己也要让父母高兴。而且这些父母想当然地认为孩子会理解父母的训话，并且学到其中正确、合理的道理。事实上，以上所有的这些做法与想法，都不能让孩子乖乖地服从父母。只有当父母树立起一种绝对的、长久的权威之后，才能让孩子学会无条件地服从。能不能树立起这种权威，就要看父母的执行能力了。

02

无能的父母才会选择暴力

我们既然建议父母采用“怀柔”之策来教育孩子，也就意味着父母绝对不能使用暴力，也决不能意气用事。因为孩子的大脑及神经组织比较敏感，有的甚至还处于萌芽阶段。在这种情况下，孩子是无法承受暴力手段的刺激的。

A b b o t t

“怀柔”之道作为教育孩子的一种手段，并不能替代父母的权威，而是为父母绝对权威的建立和维系提供了一条最有效的途径。现在，我们就来探讨一下“怀柔”之道的性质、行为特点及其所产生的影响，进而区别出这种方法与那些带有暴力色彩的教育方法的不同之处。

用“怀柔”之道来教育孩子，就是要在孩子的心里施加一种坚定的、沉静的，同时又使其振奋的影响；或是在他们性格形成的过程中施加一种有益的、正面的影响。如果采取与之相反的方法，那么只能激怒孩子，使他们遭受不良的心理刺激。

母亲对孩子进行教育的时候，经常会自觉不自觉地使用暴力，根据形式与程度的不同，这些方式又可以分为三种。为了说明这一点，我们可以举下面这个例子：

某天，四岁的路易莎向妈妈要一个苹果，妈妈问她是否已经吃了苹果。

“只吃了一个啊。”路易莎回答说。

“这样的话，妈妈就再给你一个。”妈妈说。

其实，路易莎撒谎了，因为她不光吃了自己的那个苹果，还吃了姐姐布里奇特的那个苹果。布里奇特虽然知道路易莎是在撒谎，但她认为自己没有必要去戳穿这个谎言，所以，她也就没说什么。但是过了不久，妈妈就知道了事情的真相。

如何处理这件事呢？很多母亲可能会采取下面这三种带有暴力性质的方法。

第一种带有暴力性质的教育方法——体罚

体罚的消极影响是显而易见的。

首先，体罚会给孩子造成身体上的创伤。一些母亲很可能会在一气之下打孩子，或是将孩子关在一个限制其自由、使其感到难受的地方。有些母亲还会使用其他一些给孩子带来身体创伤的方法。

其次，体罚会给孩子造成心理上的伤害。在很多父母的意识里，“孩子不打不成器”是教子良方。这些父母认为，体罚能使孩子认识并改正他们的错误，并永不再犯。这种看法无疑是值得商榷的，因为这一类做法无论能否成功，都带有很大程度的暴力色彩。体罚会使孩子脆弱的神经受到惊吓，甚至在他们的心里烙下永远的痛苦与恐怖的印记。这种过度的刺激可能会导致孩子在很长时期内对父母怀有一种怨恨与愤怒之情。

体罚这种教育手段对脑部产生的极度刺激在几个小时以后可能就消失了，而且在身体上也不一定留下明显的伤痕。但是，如果从另一个角度来看的话，父母们反而应该加倍警惕：如果这种剧烈的影响经常重复的话，就会使孩子身体各部分器官的正常发育受到阻碍。这也许就是孩子长大以后变得神经错乱或是身体机能失调的根源所在，而且这为孩子以后的生活也埋下了严重的隐患。不管这种消极影响是否会伴随孩子的一生，这种纠正错误的做法本身就充满了暴力的味道，应该受到批评。

第二种带有暴力性质的教育方法——对孩子进行恐吓

这是第二种带有暴力性质的教育方法。其主要后果就是在孩子的心灵中留下了痛苦、恐怖的刺激，或者是一种能够引发其他痛苦和不愉快的感觉。尤其是一些关于鬼怪、幽灵或其他的恐怖故事，当父母用这些故事吓唬孩子以后，其影响往往不会像体罚那样在短时间内消失，反而在孩子丰富想象力的作用下变得更大，使他们觉得做了错事以后，就会激起鬼怪的愤怒，等到晚上，这些鬼怪就会把小孩带走，并且给予他们严厉的报复。一些家庭用人在看管孩子的时候，往往倾向于使用这种方法，因为他们不能对雇主的孩子造成直接的身体创伤，所以，他们便尝试使用这种手段来管理孩子。但是这种方法在许多层面反而会给小孩造成更为严重的伤害。

恐吓只是保姆与用人的教育方式

在很多位于欧洲大陆的国家，保姆和用人往往都倾向于使用这种方法来教育那些被他们照顾的孩子。一是由于这些保姆和用人已经习惯了这种教育模式。二是在欧洲一些国家有一种观点广为流传，并且得到了人们的接受和认可。这种观点认为，在孩子的成长过程中，父母通过说假话的方式能够使小孩变得诚实，而且效果极为明显。在这些人看来，这是一件积极、有益的事情，所以，为了使孩子趋善避恶，他们便用一种貌似流畅而且诚恳的语气，沉静而且坚定地告诉孩子：世界上存在着巨兽与妖怪，它们会带走那些不听话的孩子。孩子们出于本能，会对父母的话深信不疑。但是，这些话往往存在很多漏洞，父母对此又不能自圆其说，所以当孩子对父母的话产生怀疑，使其处于下风时，他们就会用“下不为例”等言辞来搪塞。而且在父母与孩子讲话时，往往缺少那种肯定、自信的语气，这就使孩子难以信服他们的话，做父母的也会因此而感到内疚和尴尬。在言谈中，父母的这种尴尬之情会在不经意间显露出来，这时，孩子就难以完全相信父母。在孩子的认识里，虽然他们怎么也不会相信自己的父母竟然用虚假的东西来欺骗自己，但他们还是会情不自禁地产生怀疑。

1. 妖怪来了

在欧洲的许多国家，即便是这个国家最有教养、最有文化的阶层，在教育子女时如果需要背离道德，他们也丝毫不会感到尴尬。尤其是在欧洲大陆的一些国家，这种情况最为突出。在某些场合，有人往往会为了获得一个积极的结果而说假话，这种做法在这些国家极为盛行。例如，在法国的孩子心中，有两只名为克罗克米泰纳先生与克罗克米泰纳女士 * 的熊精，它们像火炉旁的圣诞老人一样令人熟悉，但实际上它们却是令人感到恐怖的魔兽。传说它们会在晚上从屋顶或是烟囱爬下来，将那些不听话的孩子带走；它们只要将孩子的小手放在耳边，手指就会泄露出这些孩子曾在什么地方做过什么坏事。孩子从心理上认为父母讲的这个故事是真的，即使孩子认为这个故事很荒谬，他也无法将心中的恐惧完全克服。

2. 如果你不乖乖听话，警察就会把你抓进监狱

实际上，很多父母并不想用克罗克米泰纳先生与克罗克米泰纳女士这类妖魔鬼怪的故事来吓唬自己的小孩。但为了维护自己在孩子面前摇摇欲坠的权威，他们退而求其次，用一些所谓的“黑衣人”或是“警察”来吓唬小孩。这些父母也许认为，所谓的鬼怪故事不过是一些荒诞不经的传说而已，但警察与监狱却是真实存在的。因此，许多母亲会这样吓唬孩子：如果你不乖乖听话，警察就会把你抓进监狱。

---

* 克罗克米泰纳先生与克罗克米泰纳女士，法文中指传说中的鬼怪。

恐吓会给孩子的心灵带来创伤

以上所说的这些方法，都是父母们针对孩子的弱点，利用他们想象出来的恐怖事物吓唬他们。虽然不会对孩子的身体造成直接伤害，但是，这样做却会对孩子大脑的敏感组织产生过度的刺激，而且这种恐怖、刺激的印象在某个时刻会莫名而突然地产生，尤其是在黑暗中或是孤寂一人的时候，这在医学上被称为“暂时性精神错乱”。更为严重的是，如果对神经系统产生极度的刺激，有时甚至能够造成真正的精神错乱。尽管这种“暂时性精神错乱”在很多时候会消失，但对很多孩子来说，还是会在他们的心里烙下终身难以磨灭的印记。

第三种带有暴力性质的教育方法——严厉的斥责

从使用频率来看，第三种处理方式更为常见。它的处理特点虽然要比前两种方式更为温和，但从它的操作方式及影响来看，仍然可以将它归为带有暴力性质的教育方法的范畴。这种方法主要是对孩子进行严厉的指责和责骂，从而使他们对自己所犯的过错产生强烈的愧疚感。父母希望这样做以后，孩子会对犯错误产生一种可怕的预期，从而达到唤醒孩子心灵警觉及忧虑的目的。父母采用这种方法是想让孩子能够改正自己的错误。这种手段，如果单纯考虑是否对孩子的身心造成创伤，那么它确实算不上暴力，但在某些时候，它所带来的祸患却是灾难性的。父母们必须了解一点，孩子敏感的神经系统及心理情感很容易受到刺激与搅动。如果母亲用这种方法“成功”地给孩子留下了深刻的印象，特别是女孩，会对她脆弱而敏感的神经系统产生极为深远的影响。这种影响会持续很长一段时间并且经常会显现出来。她可能会在某个深夜突然醒来，内心充满焦虑和恐惧，然后跑到妈妈床前，在她的怀里寻求慰藉。

任何一个有良知的母亲都会时刻为孩子的幸福着想，她们也许会说，宁愿让孩子忍受一时的痛苦，也不想让孩子沉沦于罪恶中。但是，如果母亲们不用这些可怕的方法也能达到同样的目的，那岂不是更好吗？

抛弃暴力，用“怀柔”的方法教育孩子

如果一个孩子缺乏自律的能力，那么父母就需要采取“怀柔”之策对其进行教育，这种方法有很多种形式。本书就是要清楚地告诉父母们“怀柔”之策的性质和操作方式，以及在操作过程中父母应该用怎样的精神及心理状态来面对。这种策略的独特之处，就在于父母与孩子之间是以一种沟通的姿态来进行的。我们将再次以上面的故事为例对此进行说明：那个叫路易莎的女孩，因为一个苹果而向母亲撒谎的故事。上文已经详细地描述了这个故事，在此不作赘述。

【家教实例】再好的方法，也要选对时机

尽管路易莎在回答母亲的问题时，母亲也曾经对她的回答产生过怀疑，但母亲还是放弃了怀疑，面带微笑又给了路易莎一个苹果。当母亲知道了事情的真相以后，也并没有说什么。这一天就像平时一样，就要平淡无奇地过去了。到了晚上，当路易莎上床睡觉时，母亲帮她换了睡衣，又和她一起玩耍了一会儿，并且一直用愉悦的口吻和她交谈。母亲采取的这些举动使路易莎不知不觉地进入一种欢乐祥和的氛围，这种氛围能够帮助母女俩建立一种亲密、和谐的感情。当路易莎做完了祷告，马上就要入睡的时候，母亲便坐在她的床头，用手轻抚着路易莎的头发。

母亲说:“我给你讲个故事吧。”

“有个男孩，他的名字叫恩内斯特。他是一个很帅的大男孩，其实也不过五岁而已。”此时，路易莎的脑子里一定也在想着什么，因为她只有四岁。“他有蓝蓝的眼睛，卷曲的头发，而且还是个很乖的孩子。因为他从来都不会做错任何事，只要他做错了事，就会感到十分不安，怎么也高兴不起来。一个乖孩子在做错了事以后，都会感到不开心，我想路易莎也会这样吧？”母亲说。

“是的，妈妈，我也会这样的。”路易莎回答说。

“你能这样说妈妈很高兴，因为这是一个很好的开始。”母亲说。

母亲接着讲道:“有一天，恩内斯特与表妹安娜一起去叔叔家里。他俩希望叔叔能够让他们吃苹果。叔叔同意了，并且许诺给他俩每人三个苹果。叔叔让他们在果园里等他回来，不过在这期间，他们不能爬到树上摘苹果，但是他们可以捡从树上掉下来的苹果吃。如果每人捡的苹果不够三个，那么叔叔回来以后就会给他们补齐三个。于是，他俩来到果园，在树下找苹果。他俩找到了两个苹果，然后一人一个分着吃了。吃完以后，他们就坐在树下，安静地等待叔叔归来。在这期间，安娜提议:‘不要把刚才发生的事告诉叔叔，这样每人可以多得到一个苹果。如果叔叔知道我们每人已经吃了一个苹果，那么我们每人只能得到两个苹果了。’恩内斯特说:‘叔叔一定会问这个问题，我们不能撒谎。’安娜却说:‘只要告诉他我们从来没有发现任何苹果就行了。’恩内斯特考虑了一下，然后摇摇头说:‘不，我想还是不能向叔叔撒谎。’

“叔叔回来以后，恩内斯特说:‘走吧，安娜，我们把这件事告诉叔叔吧。’于是，他们俩就跟叔叔说已经发现了两个苹果，一人一个分着吃了。叔叔遵守自己的诺言，又给了他们每人两个苹果。回家的时候，他俩的心里都洋溢着一股喜悦之情。

“如果他们联合起来向叔叔撒谎，每人就会多得到一个苹果，但那样做的话，他们在回家时就会有一种忐忑与内疚的心情。”

讲完了故事，为了让路易莎有足够的时间去思考，母亲特意停顿了一下。

经过适当的停顿以后，母亲说：“我想，他们俩能够说真话是一个最好的选择。”

路易莎说：“妈妈，我也这样认为。”然后她低下头，脸上有一丝困惑的表情。

这时，母亲用一种亲切柔和的语调说：“但是，你今天却没有告诉我，布里奇特已经给了你一个苹果这件事啊！”

路易莎怔了一下，望着妈妈的脸，接着用手臂搂着妈妈的脖子，大声说：“妈妈，我今后再也不会向您撒谎了。”

如果这件事就这样完结了，那么，路易莎是不可能完全遵守自己的诺言的。对路易莎而言，虽然这是一堂很好的教育课，但却只上了一堂课而已。而且母亲对她的教育方式如此柔和，根本不会给她的神经系统、大脑及心理功能造成任何剧烈的影响。在这场对话中，母亲所用的教育方法无疑是正确的，这一点即便是那些对孩子的心理结构一无所知的父母也不会怀疑。与上面所介绍的三种带有暴力性质的方法相比，这种方法具有更加柔和的特点。

我们既然建议父母采用“怀柔”之策来教育孩子，也就意味着父母绝对不能使用暴力，也决不能意气用事。因为孩子的大脑及神经组织比较敏感，有的甚至还处于萌芽阶段。在这种情况下，孩子是无法承受暴力手段的刺激的。值得注意的是，采用“怀柔”之策，不意味着父母的权威会逐渐消失，也不会降低父母对孩子的道德要求。可以说，这是父母们建立并执行这种权威的一条最稳妥、最有效的途径。

03
父母必须要有权威

如果母亲忽视了自身与生俱来的母爱，那么在与孩子进行交流的时候，就很难赢得孩子对自己的爱，而且她永远都无法在孩子心中树立自己的权威。不管是男孩还是女孩，他们都会清楚地看到母亲的缺点，这就降低了母亲在他们心中的地位。

A b b o t t

在培养孩子时，父母的首要任务就是要建立起自己的权威，要使孩子即时、准确、不容置疑地服从自己的命令。要想做到这一点，父母首先应该给自己确立一个信念——这样做是一项重要的责任。

令人遗憾的是，完全没有履行这一职责的父母数量仍然很多，其中相当一部分父母在理论上都对这种责任没有任何认识。

作为一位母亲，她也许会这样说："在深思熟虑的基础上，通过对孩子的教育，希望孩子能够明白，父母这样做都是为他着想。这样，他就能很高兴地服从我的意愿，不会受到像某些父母那样武断、专制的权威影响，从而使自己变得盲目。"

不过这位母亲忽视了一件事，那就是孩子的理智和思考能力的发展、对事物性质的认识等能力，都是通过慢慢学习才逐渐形成的。如果在孩子很小的时候，父母就要求他能分辨善与恶，进而抑制或打消他对一些事物的渴望及激情，这未免是一种奢望。因为这些能力都是孩子在很久以后才能具备的，孩子幼小心灵的发育速度是十分缓慢的。因此，在人生的初始阶段，我们不能指望他们自己会主动去做什么和不做什么。要想建立基础稳固的母子关系，母亲就应该凭借自己已经成熟的心智与思考能力，为理智和思考能力尚不成熟的孩子提供正确的指引与方向，对母亲而言，这才是最明智的选择。

父母应该承担的两个重要责任

父母对孩子应该承担的责任包括以下两个主要方面。第一，在孩子处于发育期的时候，为他们的身体发育提供必需的物质条件，使孩子能够茁壮成长。第二，当孩子的人生观、价值观、世界观开始形成的时候，要为他们指引正确的方向。可以说，第二个责任要比第一个责任更为沉重。一部分父母认为，在心智不成熟的情况下，孩子也能够控制自己的行为和思想；另外一部分父母则认为，孩子身体上的发育虽然尚未健全，却完全可以自主生活。无疑，父母的这两种看法都是极端错误的，而且也必然会导致教育的失败。如果要从两种看法中找出不同，那么只有一个：前者让孩子的心灵受苦，后者让孩子的身体受罪。

在教育孩子的过程中，要注意两点。

1. 孩子的判断力比体格的发育要晚

事实证明，与身体的发育速度相比，孩子在思考与理智分析问题的能力方面的发展速度要缓慢得多。因此，从长远的角度看，孩子在相当长的一段时间内受到父母的教育，是十分必要的。在我国，人们一般都认为，七到十岁的男孩，就已经具备了独立生存的身体条件。但是，孩子的心智并不成熟，所以父母还是不敢放手让孩子独立处理一些事情。而在法律上，孩子成为成年人的年龄还要翻上一番。其实，对于孩子的身体发育，父母大可放心，但却不能高估孩子理智分析问题的能力。

2. 父母该如何对待孩子的反抗情绪

父母应该承担的一个重要职责，就是培养孩子独立思考、理智分析问题的能力。不过，培养孩子的这些能力是一回事，作为一种教育方式，父母要在孩子心中树立权威则是另外一回事。如果父母能够在恰当的时机用恰当的方式来教育孩子，就会收到意想不到的良好效果。但是，当孩子对服从命令产生疑问时，说明父母已经错过了最佳时机；当父母用劝说的方法来使孩子顺从时，说明他们选择了错误的实施方式。有的时候，父母可以为自己对孩子的命令做出一些解释，使孩子依靠自己的判断力来决定是否服从这些命令，但是绝对不能把讲道理作为使孩子听话的方法来用。孩子对父母的命令应该无条件服从，越是这样，对父母与孩子就越有好处。

父母如何发挥自己的权威

读者千万不要产生这样一种误解，那就是当父母用自己的权威来教育孩子的时候，必须始终保持一种严厉的态度，或者是蛮横、不讲道理地对孩子下达命令，又或是对自己向孩子下达的命令不做任何解释。以上所说的都是父母对“权威”一词的片面认识，其实，父母所采用的方式越柔和，在表达自己的愿望时的态度越亲切、语调越舒缓，所收到的效果就越好。母亲对孩子提出一个希望，无论表达方式多么温和，其中都包含着一种权威，孩子必须毫不含糊地立即执行。母亲可能会说：“玛丽，你能暂时放下手中的玩偶吗？帮我把这封信送给在图书馆的爸爸。”或是说：“约翰尼，再过五分钟，你必须收拾好玩具积木，准备上床睡觉，到时我会叫你。”又或是用一句“詹姆斯，看看几点钟了”来提醒孩子到上学的时间了。如果孩子习惯了父母的这种权威，那么无论母亲说话时的语气多么轻柔，孩子都会乖乖听话。

优柔寡断可能招致孩子的憎恨

很多母亲因为害怕会使母子之间的亲密关系疏远，压根就没有想过去尝试建立这种权威。有这样想法的母亲经常会说：“我希望孩子能够爱我。我心中始终有这样一个至高无上的主导理念：如果我总是用母亲的权威来阻碍、限制孩子的自由，他就会认为我是一只拦路虎，阻挡了他通向快乐、幸福的路。那么我不但不能教育孩子，反而可能成为让他反感或是厌恶的对象。”

在很大程度上，母亲的这种担忧有一定的道理。但这却不能作为父母不建立权威的借口。原因很简单，母亲根本没有必要用阻碍、限制的方法去建立起自己的权威。孩子对母亲的爱，很大程度上取决于母亲能否给予他们足够的支持，能否与孩子共同去做孩子喜欢做的事，能否分享孩子的苦与乐、失望或是悲伤等情感。在这方面，母亲要让孩子随心所欲，满足他们的愿望。母亲的公正、合理、坚定而又绝对的权威，不仅不会弱化或是威胁到孩子对母亲的爱，反而会使这种爱不断得到强化和加固。实际上，只要人类能够对自己喜爱的人或事给予足够的尊敬，便能在二者之间形成一种不断强化的情感。反之，母亲即使不教育自己的孩子，也并不会让孩子更爱她，最后只会让孩子对她产生憎恨。

在家庭中，母亲不仅要使自己成为孩子的玩伴、朋友，对孩子想要进行的一些无害的玩耍也应该给予足够的自由空间，对孩子所犯的一些在成年人看来十分幼稚的错误也应该给予足够的耐心与宽容。同时，当需要运用母亲权威的时候，母亲要用一种公平、绝对、至高无上的权威对孩子提出要求。这样，母亲在孩子心中的地位将得到巨大的提升，就像一位臣民忠心耿耿地对待自己的国王一样，孩子对母亲的爱也将升华。

反之，如果母亲忽视了自身与生俱来的母爱，那么在与孩子进行交流的时候，就很难赢得孩子对自己的爱，而且她永远都无法在孩子心中树立自己的权威。不管是男孩还是女孩，他们都会清楚地看到母亲的缺点，这就降低了母亲在他们心中的地位，而且孩子对于母亲的教育，也不会用应有的态度去接受。随着孩子逐渐长大，他们就会变得更加难以教育。为了使他们不在家里捣乱，母亲只能把他们送到学校或是采用其他一些方法。因为只有这样，这位可怜的母亲才能不再遭受孩子长期的蔑视与否定，她才能从这种难以承受的精神负担中得到暂时的解脱。在孩子小的时候，由于心智的不成熟，他们对母亲的感情更多的是轻蔑，感恩之情是在很晚的时候才产生的，且很多情况下只是从轻蔑变成可怜。甚至随着岁月的流逝，在母亲作古以后，儿女们回想起她，也只会感慨母亲当年教子无方，并未给予孩子真正的母爱。或许在这个时候，儿女们会对着妈妈的墓碑轻轻地微笑：“可怜的妈妈，当年教育我们的时候，你的日子是多么的难熬啊！”

如果一位母亲想在有生之年就获得孩子对自己的爱，那么就必须要负起教育子女的责任，树立自己的权威。

给孩子自由，但决不放任自流

一些父母经常会谈论在教育中给予孩子过分的自由有多么大的危害。其实，父母们应该明白，只有在一些能给孩子身体造成伤害或不良影响的事情上给予孩子自由才是应该被谴责的，给孩子自由这件事本身并不会给孩子带来危害。或者可以说，父母给予的自由使孩子的身心获得满足，并不是一件让人为之色变的事情。真正能够产生危害的，是孩子沉溺于那些对身体有伤害的事物中不能自拔。不过在一般情况下，对孩子来说，父母所给予的自由是远远不够的，而且在一些无伤大雅的事情上，他们的自由甚至受到了更大的限制。孩子出于天性，产生一些天马行空的幻想或者冲动，甚至是一些诡异的想法，只要不会对他们造成伤害，父母都应该尽量满足他们，这样做得越充分，效果就越好。

所以，当小孩向父母问道“我可以做这件事吗”或“我可以做那件事吗”的时候，母亲所要做的，不是考虑孩子的行为或想法是明智的还是愚蠢的；也不是用自己的思想与情感来代替孩子进行考虑；而是关注孩子这样做是否存在危险、是否会造成任何伤害。如果没有危险的话，就应该放心地给孩子一个肯定的答复。

在给予孩子最充分的自由和对孩子进行绝对控制二者之间，其实并没有必然的冲突，也不存在所谓的不可调和的因素。父母在给予孩子最大自由的时候，反而更容易建立起对孩子的权威。孩子可以在拥有充分自由的同时又对父母的教育极为顺从。相反，如果我们做不到这一点，孩子的生活就会因为父母的打断、限制与拒绝而变得痛苦不堪，孩子也会变得难以教育。这个道理用一个例子便能说明。

【家教实例 I】自由和权威的配合，更容易使孩子听话

母亲要去一个村庄，途中会经过一片田野。她问自己的小女儿路易莎要不要一同前往。

路易莎问母亲是否可以带表妹玛丽和她一起去。“好啊，不过，我想现在玛丽应该不在家，但是，如果你愿意的话，可以去看看。”母亲回答说。

于是，路易莎跑去找玛丽，几分钟之后，路易莎回来了，玛丽真的不在家。

母亲说：“没关系，你想带她一起去，这份心意就说明你很有礼貌了。”

于是，她们上路了。在路上，路易莎在草地上乱跑，不时地将自己采集的花朵以及其他一些新奇的玩意儿送给母亲。母亲默许了路易莎所做的一切，并对路易莎在大自然中感受到的惊奇与喜悦表示理解，她甚至还向路易莎讲解她在田野中没有观察到的新鲜事物。后来，路易莎看到了一只美丽的蝴蝶。

“妈妈，那里有只蝴蝶，我可以跑去捉它吗？”

“你可以试试看。”母亲说。

于是，路易莎开始追逐蝴蝶，直到她累得跑不动了，才回到母亲身旁，脸上带着深深的失望。

“妈妈，我捉不到啊。”路易莎说。

“没关系，”母亲说，“不管怎样，你在捉蝴蝶时已经玩得很开心了。说不

定过一会儿你会看到另外一只呢。你还可能会看到一只小鸟，到时候，你可以再试试，看看能不能捉到它。”

这样，路易莎又怀着舒畅与快乐的心情去玩了。

在离大路不远的地方，有一棵大树。这棵树被发霉的树叶、青草和许多漂亮的野花所覆盖，并隐隐露出了一截已经开始腐朽的树干。

“路易莎，”母亲说，“你看到那棵大树下有许多美丽的花朵了吗？”

“是的，妈妈。”

“回到路上来，直到我们离开这里，我不想你走近那棵树。”

路易莎听从了母亲的建议，不过在走路时，她望着妈妈的脸，想知道为什么不可以走近那棵树。

“看到你想知道原因的样子我很高兴，”妈妈说，“当我们离开这里以后，我就会告诉你原因。”

路易莎一直走在路的另一边。当她和母亲远离那棵树以后，她就向母亲询问原因。

“因为我听说树底下有一个黄蜂窝。”

“黄蜂窝。”路易莎反复地叨咕着这个词，脸上明显掠过了一丝惶恐的神色。

“是的，”妈妈笑着说，“我担心黄蜂会蜇到你。”

路易莎稍作停顿，回头看了一眼那棵树，然后说：“幸亏我没有走近那棵树。”

“你很听话，妈妈感到十分高兴。”母亲说，“我就知道，你会乖乖地听话，而不会偏要问个究竟。我当时之所以没有告诉你，就是害怕你在经过那棵树的时候会被吓到。但我知道你很乖，所以我每次散步的时候，总是很喜欢带你一起去。”

母亲的赞扬使路易莎的内心洋溢着一种快乐的感觉。这件事以后，让路易莎的心里更加肯定与强化了一个原则——必须要听妈妈的话。与单纯的责骂，或是动辄就对孩子进行体罚相比，这种教育方法显然更为有效。

“妈妈，”路易莎问，“你怎么知道树下有个黄蜂窝啊？”

“一个男孩告诉我的。”

“你认为那里真的有一个黄蜂窝吗？”

“没有，我认为那里不一定真的有黄蜂窝。这可能只是那个男孩子编造出来的一个谎言。”

“那你为什么不让我去那里呢？”

“万一那里真的有呢？我觉得你不去那里才是最为安全的。”

路易莎问完之后，又开始到处乱跑，广阔的田野上，到处都留下了她的足迹。最后，她筋疲力尽，气喘吁吁，一脸倦容，再也走不动了。于是路易莎回到妈妈身边，妈妈说：“我也走累了，我们找个地方坐下来休息一下吧。”

“哪里能休息呢？”

“我看见前面不远处有一块很大的石头，你还能走到那里吗？”

“我想可以。”路易莎说着，身上似乎又充满了力气，一口气便跑到了那块石头所在的地方。等妈妈到达的时候，她又想继续向前走了。

就这样，在母女俩散步的过程中，类似的情节不断地重复。

在这个例子中，我们看到，父母坚定的教育与给予孩子充分的自由已经完美地交融在一起了。两者之间根本不存在任何冲突，反而达到了一种惊人的和谐状态。

【家教实例Ⅱ】压制孩子，会让孩子变得无法教育

我们再来看看汉娜的母亲教育汉娜的例子，它可以让我们知道：就算母亲将孩子的自由空间限制得极为狭窄，也不能对孩子进行有效的教育。

刚开始的情形与路易莎的例子相似，母亲问汉娜是否想一起穿过田野去某个村庄。唯一不同的是，母亲的真正用意是让汉娜在自己的身边帮忙拿包裹。

“好的，妈妈。”汉娜爽快地接受了妈妈的建议，“但是我想问一下表妹莎拉去不去。”

“不要叫她一起去，为什么你要叫莎拉一起去呢？她只会给我们增添麻烦。”

“她不会的，妈妈。我现在就去叫她。”汉娜一边说一边戴好了帽子，走出了家门。

“汉娜，不要去！”妈妈坚持道，“你决不能去，今天我不想让莎拉和我们一起去。”

汉娜对此却毫不理会，径直跑去找莎拉。几分钟之后，她回来了，原来莎拉不在家。

“很高兴她不在家，我已经叫你不要去找她了，你总是不听话，一会儿在路上你不要到处乱跑了。”

但汉娜根本没有把妈妈的话放在心上，因为她知道妈妈的话都只不过是放空炮而已。在穿过田野时，汉娜仍然不断地到处乱跑。

妈妈渐渐跟上了她，当她们经过牧场时，汉娜又开始在草地上狂奔。

“汉娜——”妈妈用一种严厉的语气责备道，“过来跟妈妈一起好好地走，为什么你要不停地跑呢？在到达村庄前，你一定会觉得很累的。然后，你就又得让我停下来和你一起休息。”

无论妈妈怎么说，汉娜就是不理不睬。她在一块石头和树丛之间来回穿梭，不时地把她采集到的一些新鲜玩意儿送给妈妈。

“我的孩子，你找到的这些东西毫无用处。”妈妈说，“它们要么是一些很普通的野草，要么是一些垃圾。还有，我告诉过你很多次了，不要到处乱跑。为什么你就不能安安静静地回到妈妈身边，像正常人一样慢慢地走路呢？”

汉娜对妈妈的“三令五申”不以为意，仍然到处闲逛。

“汉娜，”妈妈又一次发话，“回到路上来，我已跟你说了好几次了，快点回来跟我一起走，你一点都不把我的话放在心上。过不了多久，你说不定就会掉进一个小洞，或者被树枝弄破衣服，被一些荆棘划伤。汉娜，你不能再走那么远了。”

汉娜全然不把妈妈的话当一回事，她继续走着，寻找花朵与新奇的东西，离大路也越来越远，只是偶尔才随自己的意愿返回妈妈的身边。

“汉娜——”妈妈说，“你不能离开大路太远，决不能走近那棵树，那里有一个黄蜂窝，一定不要靠近那棵树。如果你非要走到那里，就会被蜇到。”

汉娜继续前行，在寻找花朵时，不知不觉地就靠近了那棵树。

“汉娜——”妈妈声嘶力竭地喊道，“我告诉过你不要靠近那棵树，你一定会被蜇到的。”

汉娜此时有点犹豫，但是在树下面，她并没有发现黄蜂窝。于是，她走进树丛继续采集花朵。

“汉娜——，汉娜——”妈妈大喊着，“你一定会被蜇到的。”

汉娜却说：“我不认为这里有黄蜂窝。”

“那里有黄蜂窝，有黄蜂窝！”

“也许没有呢。”

“那里有啊，一个男孩子告诉我的。”

“这里什么都没有。男孩子们经常会认为一些没有黄蜂窝的地方有黄蜂窝。”

过了一段时间，汉娜采集了足够的花朵，才慢悠悠地回到母亲的身边。

母亲用严厉的口吻责备道："我跟你说了多少次了，不要走近那棵树。"

"可是你说如果我走近那棵树，就会被黄蜂蜇到，但事实上，我并没有被蜇到啊。"汉娜反驳道。

"是的，你没有被蜇到，不过那只是你幸运而已。"然后，母亲继续前进。

没过多久，汉娜就说自己累得走不动了，想停下来休息一下。

"不行，我之前就跟你说过，如果到处乱跑，你很快就会觉得疲惫。但你却一直不听我的话。现在，我是不会停下来等你的。"

汉娜说不管怎样，她都要停下来休息一会儿。于是，她就坐在路边的一块小石头上休息。母亲则继续向前走，只留下汉娜一人。但是在往前走的时候，母亲不时地回头张望，并叫汉娜快点跟上来。汉娜仍然在那里休息，一点也没有要跟上来的迹象。最后，母亲不得不找个地方坐下来，等着汉娜跟上来。

从这个例子里，许多母亲或许会看到自己的影子，因为她们也是这样教育孩子的。前面的一个例子表明，给孩子最大限度的自由和对孩子施予最绝对的权威，这两者相互配合会取得意想不到的良好效果。但是这个例子却让我们看到一个可怕的现实：如果母亲一味地拒绝和压制孩子心中的冲动及欲望，就会导致孩子变得无法教育。

04

教孩子听话的第一种方法：有错必惩

不要让孩子通过叛逆的行为来获得好处，反之，当孩子对母亲的命令反抗或是不以为然时，母亲应让其感到麻烦、不便。使用这种方法的一个重要原则就是无论在什么情况下，都要坚定地执行下去，决不可有一丝动摇。

A b b o t t

顺从父母并非孩子的天性，尽管通过后天的培养，可以使孩子将对父母的顺从变成一种习惯，并且让他们觉得这是一种真实存在的本能行为。这一点在我们观察动物时就能发现，母鸡发现食物以后，就会叫小鸡过来吃；当危险降临的时候，一群小鸡会主动跑到母鸡的身旁寻求庇护。但是，小鸡的这些行为是因为渴求食物和害怕危险才产生的，而不是出于服从母亲的意愿。通过对许多动物的观察，我们都可以去验证这一点。例如，小马与小牛都时刻跟随着母亲，同样也不是因为它们本身就具有顺从母亲意愿的本性，而只是由渴求食物、惧怕危险这一类自然本性所决定的。严格说来，动物这些行为都属于先天形成的，它们一出生便会自发地做出这样的举动，而不需要任何的训练来建立或是维持动物妈妈的权威。在某种程度上，这些动物与孩子的某些行为还是很相似的，当孩子感到饥饿和恐惧的时候，也会受到本能的驱使而跑到母亲身边。这些行为并不需要母亲的教育和培养便可以形成。不过有一点我们要清楚，孩子因为服从母亲的意愿而主动来到她的身旁并不是自身的本能反应，这与本能完全是两码事。孩子虽然没有主动服从母亲意愿的本能，但他们却具有养成这种习惯的潜力。

可能有人会这样认为，在本能与能力二者之间，其实并不存在差别，因为二者之间能够相互转化，而且界限十分模糊，简直到了难以辨别的地步。

但是，在一些受人类影响较大的动物身上，二者之间的差异却十分明显。例如，狗就具备一种本能，这种本能使其能够用舌头舔自己并且紧跟它的主人。因为它并不需要接受任何后天的培训就可以做到这一点，完全是由它先天的本性所决定的。但是，它却不具备帮主人拉车子的本能，只有经过主人不断地对它进行耐心的技能培训后，它才能胜任这项工作。如果一只狗只是在荒山野岭中出没，并且从来都不与人类打交道，那么对人而言，它的用处不大。当它被人驯服以后，还是不能携带任何东西或是用嘴巴把一个篮子从市场衔回家，人们就要把其中的过错归咎于它的主人了。人们会认为狗的主人没有花费足够的时间去训练它，而且认为他从来就没有想过要训练它。上面已经说过，狗天生就有跟着主人的本性，主人走到哪它就跟到哪，但它本身并没有帮主人搬东西或是拉车的天性。如果狗对人类本来就没有感情，那是它的问题——天性的错。但如果它不能帮主人搬东西，或是对主人的召唤不予理睬，又或是拉车的技术不够高，那么这些问题就只能归咎于它的主人，因为狗没有受到主人适当的培训。

谁该对孩子不听话负责

孩子与父母的关系不也是如此吗？如果某个孩子感到饥饿或是受到了伤害、惊吓，却没有跑到母亲的身边，那么我们有理由怀疑这个孩子是不是脑子出了问题，至少在身体或是心理上应该存在一些不正常的状况。但是，如果一个孩子不顺从他的母亲，无论他表现得多么桀骜不驯，多么叛逆，人们也会理所当然地把过错推到孩子的母亲身上。因为人们认为是母亲没有教育好自己的孩子。所以，当我们看到一些叛逆的孩子时，就会发出这样的感慨：“多么无能的一个母亲啊！”而不会有人说：“多么不乖的一个孩子啊！”

这是一个很重要的问题，很多母亲直到现在仍然抱着这样一种观念：她们认为孩子听父母的话是天经地义的。所以，夫妻双方都没有采取适当的措施来培养自己的孩子——除非在此之前，他们已经用某些特殊的方法使孩子养成了顺从自己的习惯。如果父母们在一开始就意识到孩子不会自愿地顺从自己，那么他们就已经成功了一半，在培养孩子的时候就会取得事半功倍的效果。

1. 孩子真实的天性

当孩子遇到棘手的事情或是对某事感到恐惧时，受天性的驱使，他们就会跑到母亲身边，以寻求保护与安慰。孩子的这种行为让很多母亲都有一种莫大的幸福感。而且，孩子的这些天性具有多种多样的表现形式。我写这一章的时候，手头的报纸上就有一篇文章——《一个母亲的早晨》。文章记载了一位母亲的经历：

母亲为了专心做家务，便给了两个孩子一些书和一些玩具，让他们自己玩。半个小时以后，从楼下传来一声轻缓的呼唤：

“妈妈，你在吗？”

“我在，亲爱的。”

“那没事了。”孩子继续投入游戏之中。

没过多久，孩子又问道：“妈妈，你在吗？”

“在啊。”

“那没事了。”孩子又心满意足地开始玩耍了。

正在玩耍的孩子同样也需要一种安全感，所以他们会不时地去确认一下母亲是否在自己身边，或是看她是否在附近。这种感觉并不是他们从母亲那里学来的；母亲也从未告诉他们，无论何时都要待在母亲身边有多么重要；孩子也并没有通过平时的观察而产生这样一种认识：如果母亲不在自己身边，就有可能遇到危险或困难。孩子之所以会这么做，只是因为在他们身上具有一种天性。这种天性能够使小羊和小牛紧紧地跟在母亲身边，能够使嗷嗷待哺的婴儿靠近母亲的乳房。当婴儿独自一人被放在婴儿床或是摇篮里的时候，会用哭声表示自己的恐惧。

2. 母亲的职责

作为母亲，首先应该明白一点，孩子对自己的顺从并非源于天性，必须经过教育才能使其形成这种习惯。同时，她也必须清楚，如果孩子不听话，自己无法让孩子放弃那些对他们极具诱惑力的东西，那就是她的错。确切地说，我们不能把责任全推到母亲头上，也许她已经尽力了，但不管怎样，从结果上说，这位母亲对孩子的教育确实是失败了。所以，她不能对孩子发牢骚，更不能数落孩子为自己带来的麻烦与不便。正确的做法是，她应该先好好反省一下自己的教育方法，然后以负责的态度去纠正自己的错误。总之，教育小孩顺从自己，是一个需要长期努力的过程，在这个过程中母亲必须定期对自己的教育方法进行回顾和反思，并做出改进。

让孩子听话的三种方法

通过运用下面介绍的三种方法，父母在教育孩子的时候一定能够达到让孩子乖乖听话的目的。当然，要想获得最佳效果，就应该将这三种方法综合运用。这三种方法的运用需要父母具备不同级别的能力与技巧。第一种方法对他们的能力要求不高，只要父母能够做到坚定、沉稳与坚持就可以了；第二种方法需要父母下一番苦功才能做到；最后一种方法需要父母具备足够的技巧和创新能力，但并非只有天才才能够做到。第一种方法是最基本的，如果父母能够坚定认真地去执行这种方法，就能达到教育孩子的目标。如果父母能够具备一定的技巧和能力，那么使用第二种方法就可以更加顺利地实现这一目标。如果在此基础上能够掌握第三种方法，就能培养出一个顺从父母的乖孩子，同时也会使孩子养成乐意服从的习惯。这对双方都是一种最高级的乐趣。所有这些方法都需要父母在心里有充分而清醒的认识，但令人遗憾的是，许多父母都不具备这种能力。

对孩子要有错必惩

母亲在教育孩子时采取的第一种方法是：不要让孩子通过叛逆的行为来获得好处，反之，当孩子对母亲的命令反抗或是不以为然时，母亲应让其感到麻烦、不便。使用这种方法的一个重要原则就是无论在什么情况下，都要坚定地执行下去，决不可有一丝动摇。母亲必须在头脑中形成这样一种看法：孩子所有的叛逆行为最终只会导致他们受到伤害，这也是这个方法的核心所在。

孩子一旦犯了错，母亲都应该给他一些适当的惩罚，即便这种惩罚的力度很小，也能够取得巨大的成效，而且这种成效会让母亲感到大吃一惊。母亲可以把家里的某个地方当作“监狱”，这个“监狱”可以是客厅里沙发的一角、一张椅子、一个搁脚凳或是其他的什么地方。在处罚孩子的时候，尽量不要让气氛变得那么压抑，同时又要摆出时刻准备惩罚他的姿态，这样就能收到更好的效果。如果某位母亲还不知道自己应该采用什么样的技巧或是方式来对孩子的心灵施加影响，那么她可以在第一次惩罚孩子的时候说：“孩子啊，你现在越来越不听话了。每次我都要叫上许多次，你才会动身去做。现在，把你放进‘监狱’—— 一个黑暗的衣柜里。从今以后，你每次再不听话的话，我就会把你关进‘监狱’半个小时。记住了！”

决不要出于爱心原谅孩子的错误

如果母亲只是在口头上对孩子进行吓唬，却不采取实际行动，这种教育方法很可能就会失去成效。如果在母亲讲完与上面类似的话以后，孩子又犯了错——尤其是所犯的错误没有给母亲造成太大的麻烦，母亲出于爱心便原谅了孩子；那么，当孩子再一次犯下稍微严重的错误时，母亲可能就会想，如果我真的把孩子关在衣柜里，这样做是不是太严厉了？接着，当孩子所犯的错误变得更为严重，但此时母亲的心情不错，便会对孩子网开一面，不想再把她的“可怜的小家伙”关进黑黑的衣柜里；也许当时周围有很多人，母亲想给孩子留点面子。但是所有这些最后只能导致一个结果——她一再强调的话变成了一纸空文！

让惩罚变得既柔和又具实效

不过，如果母亲能够掌握一定的技巧，运用灵活的手段来处理这种情况，就会得到与前面不同的结果。假设在某一天，母亲正在忙着做一些针线活或其他的家务活，孩子在一旁玩耍。母亲一边干活，一边告诉孩子：在一些欧洲学校，当孩子不服从教育或是违反纪律时，就会受到与被关进监狱类似的惩罚。同时，母亲还编造了一些善意的谎言，如那些不愿意接受惩罚的孩子会被强行关进去；如果有人顽固不化，拒不认错，那么就会被关得更久。而那些道德高尚的男孩，他们长得既高大又英俊，有的还是运动好手，如果他们知道自己犯了错误，就会自愿接受处罚，像男子汉那样敢作敢当。即使他们受到惩罚，也会因为态度良好而提前获得自由。说完之后，母亲顺势提议在家里也采取这种惩罚方法，她会要求孩子自己找个适合的地方作为“监狱”——可以是沙发的一端、长椅的一角或是被当作小猫咪房子的纸箱。曾经有人将楼梯的一个阶梯作为惩罚的“监狱”。即使在那里坐上一两分钟，这种惩罚也足以让孩子在相当长的一段时间内遵守纪律、服从父母的命令。可见，这不失为一个好办法。

当父母要求孩子遵守某些规矩，或是对孩子做事的方法提出要求，而孩子对此却置若罔闻时，就可以使用这种方法。例如，在寒冷的冬日，孩子从门口进出时，总是不习惯随手关门；在母亲专心致志地读书时，孩子会突然打断她，而不是在旁边静静地等着母亲的注意力从书本转移到他的身上；有的时候，孩子为了争夺某件玩具而相互推搡、拉扯，母亲发出命令以后，他们没有立即来到母亲身旁，或是没有立即执行母亲的命令……以上这些情况一旦出现，母亲应该简单地说上一句“玛丽（或詹姆斯），监狱”，而且说这句话的时候，语气一定要柔和，不要带有一丝不悦，脸上要洋溢着微笑，就好像是在玩一种“监狱”的游戏。孩子受罚几分钟以后，母亲再说：“你自由了。”这样，他们又重获“自由”了。

一旦开始就要执行

很多母亲看到此处，都会产生这样一种想法：“这种教育方法不过是小打小闹而已，孩子身上存在叛逆的因子，而且他们具有好动的天性，用这些小把戏很难有效地驯服他们。”事实上，这种方法是否会沦落成为一种小打小闹的把戏，完全取决于母亲在执行的过程中是否具有坚定、沉稳与坚毅的品质。其实，不管什么样的教育方法，都需要母亲具有坚定、沉稳与坚毅的品质才能取得成功。如果这些所谓的“小打小闹”能够得到有效的执行，母亲就会惊讶地发现，其实只要对孩子施以很轻微的惩罚，就足够建立起自己对孩子的绝对权威了。我认识这样一位母亲，她为了培养孩子对自己绝对服从的习惯，把单脚站立作为一种惩罚方法，根据孩子犯错程度的不同，时间分别是五秒、十秒或二十秒。当然，在孩子很小的时候，这位母亲就已经开始使用这种方法了，其目的就是树立自己在孩子心中的绝对权威。

采取惩罚措施的目的，原本就不是给孩子造成身体上的疼痛或是使其感到不舒服，而是引起孩子的注意，使他们每次犯错以后，能够清楚地意识到自己的确做错了。尽管这些惩罚并不严厉，但只要在孩子每次犯错以后母亲都能坚持对其进行惩罚，并且不让任何一次惩罚发生例外，那么它的效果是非常明显的。因为在这种情况下，孩子会产生这样一种认识：尽管自己每次受到的惩罚不见得很严厉，但母亲却能坚持做到有错必惩。

上面所谈到的，都是母亲在教育孩子之初应该做的，但那仅仅是一个开始。作为母亲，如果一开始就不能坚定持久地执行，那么她就永远无法开始教育孩子的工作。一旦孩子进入青春期，母亲就会发现孩子越来越不听话，对他进行教育的难度也会骤然加大。在这种情况下，教育的方法虽然一样，但与之前不同的是，母亲们再也不能采用那些过于柔和的手段了。这时，就可能需要更加真实的“监狱”，并且延长惩罚他的时间，有的孩子甚至还需要父母采取强制性措施进行惩罚。

有的时候，由于孩子的教育者的改变，孩子会从一种教育模式进入另外一种模式。过不了多久，新的教育者也许会发现，由于之前所受到的错误教育，孩子现在已经变得难以驯服。因为孩子所受到的错误教育使他们习惯于通过某些特殊手段来达到自己的目的，这相当于之前的教育者鼓励他们使用这些手段。这种纵容只会使孩子变得更加叛逆与反抗。尤其是面对父母时，他们总会运用一些自以为最有效的手段来达到自己的目的。

当孩子身处一种全新的教育模式时，不管这种教育模式是长期性的还是暂时性的，教育者要想改变孩子的性格，比起刚开始的时候，难度要大得多，所以必须小心谨慎。对孩子而言，新的教育者并没有那种从小就对他形成的权威，再加上很多实际存在的问题，新的教育者就会认为，自己有必要放弃一些做法，从而避免与孩子发生矛盾冲突或是引起孩子的抱怨。这几种情况，无疑都为教育孩子增加了难度。其实，对那些不服从教育的孩子而言，他们也习惯于用这种把戏来达到他们的目的。也许，因为母亲的心肠太软，不忍看到孩子因为自己的要求得不到满足而大哭大闹；又或是因为自己的身体太过虚弱，对她来说，这些琐事会让她劳神费力，太不值得。

【家教实例】乔治与埃格伯特

这里举一个乔治如何教育弟弟的例子。乔治是个十七岁的年轻人，外出两年后，他回家居住了一段时间。这期间，他发现自己的母亲身体虚弱，而弟弟埃格伯特却是一个叛逆的小家伙。

认清了这一现状，乔治自言自语地说："我首先要做的事，就是好好教育一下埃格伯特。"因此他给弟弟上了一堂效果很好的教育课。这个例子可以清楚地表明，采取柔和的教育方法多么有效。现在，大家就来看看这个故事吧。

埃格伯特今年十岁，他很喜欢钓鱼。但是母亲从不让他独自一人去。虽然母亲身体羸弱，性格优柔寡断，但在这一点上却无比坚定，所以埃格伯特只能乖乖听从母亲的要求。试想，如果母亲能够在其他方面也这样坚决的话，埃格伯特就会是个很乖的孩子了。

乔治回来的第二天早上，埃格伯特醒来想到的第一件事就是要哥哥带自己去钓鱼。

"我不知道啊，"乔治用有点犹豫和疑惑的语气回答道，"我不知道要不要跟你一起去钓鱼，因为我不知道你在路上是否肯听我的话。"

埃格伯特马上给了哥哥一个肯定的答复。于是，他俩出发了，一路上，乔治跟埃格伯特兴致勃勃地谈了一些关于钓鱼的技巧，在其他方面，他也尽量和弟弟建立一种友好的关系。他们穿过林间的一条道路，又走了不远，便来到了两条分岔路。这两条路中的一条要穿过小河，而另一条则有一座小桥可以通过。乔治说，他们要走第一条路。但埃格伯特却并不理睬乔治，冷冷地说："不，我要走另外一条路。"说完，他就朝着第二条路前进了。

"我想你开始不听话了。"乔治说完以后，便转过身跟随弟弟。但是，他并没有更多的抱怨。于是埃格伯特认为，乔治像其他人一样，很容易对付。

当他们来到小河边时，乔治看到一根体积很小的木头横在河面上，这块木头就是所谓的“小桥”。他告诉走在前面的埃格伯特，在他赶来之前，不要从那根木头上通过。但埃格伯特却说，前面并没有什么危险，自己一个人就可以过去。就这样，他继续大胆前行。当乔治到达这根木头的时候，发现这根木头确实既坚固又结实。于是，他就跟随着埃格伯特走了过去。“我不是跟你说了吗，这木头是可以过的。”埃格伯特得意地说。“是的，你说得对，木头很坚固，我想这也算是一座很好的桥。”乔治回答说。

埃格伯特说他一下便可以跳过去，乔治说他可以试一下，他为弟弟拿着钓鱼竿，然后，乔治也跟着跳了过去。过河以后，乔治突然跟弟弟说自己感到很抱歉，因为他不能和弟弟一起去钓鱼了。埃格伯特十分惊讶，急忙向哥哥询问原因。乔治说这只是自己的个人原因，现在不能告诉他，等到晚上睡觉时，才可以告诉他，乔治说自己还有一个故事要给他讲。埃格伯特很想知道哥哥突然改变计划的理由，而且也想听故事。但此时此刻，他对哥哥的决定感到无比失望，并对哥哥大发牢骚。尽管乔治对弟弟说自己今天不去钓鱼有一个很充分的理由，但埃格伯特对哥哥不加解释的做法还是十分愤慨。乔治却坚持说只能晚上睡觉的时候才能把原因告诉他。然后，乔治转过身，慢慢地朝家的方向往回走。

埃格伯特表示，即使不能去钓鱼，自己也不会回家，他宁愿在树林里一直待着。乔治马上接着说：“这里环境不错啊，我的口袋里装着一本书，正好可以坐在树下那块平滑的石头上看书。你可以在树林里尽情地玩耍，而且你可能会看到可爱的松鼠，如果你真的看到，记得叫我，我会帮你捉。”说完之后，他就掏出一本书，坐在树下的石头上看书。埃格伯特在树林里闲逛了几分钟，闷闷不乐地说自己要回家，然后便开始往回走。

回家的路上，乔治与弟弟进行了友好的交谈，而且没有表现出丝毫不悦，并与弟弟尽情地玩耍。整个下午，他刻意地与埃格伯特建立起一种友好的关系，尽量在其他方面多给他一些帮助，逗他开心。而且，乔治没有对弟弟发任何牢骚，脸上也没有任何不满的神色。

到了晚上，埃格伯特要睡觉了，乔治来到他的床边。他与弟弟玩耍了一会儿之后，弟弟的心情处于一种舒畅的状态，然后他开始向弟弟解释今天所发生的事。

"我今天之所以不跟你一起去钓鱼，是因为我发现你并没有听话。"埃格伯特沉默了一下，说自己没有不听话啊。当乔治提到自己叫他不要走那条路、不要擅自跨越木桥而他却不予理睬这两件事情时，埃格伯特辩解说要想过河，那条路才是最短的，而且他知道河上的木桥很坚固、很结实，根本不会掉下去。"这么说，你认为自己的理由很充分了？"乔治问道。"是的。"埃格伯特神气地说。"这就是我不去钓鱼的原因。自以为有了可以不听话的理由，然后就可以随心所欲，这是很多男孩都曾经犯过的错误。这让我想起了一个故事——一个关于士兵的故事。"

然后，乔治就给弟弟讲了一个很长的故事。故事的大概内容是，一位上校派一位上尉带着一队人马，去完成一项特别的秘密任务。临行前，上校指示上尉不要跨过河流，但是当他们走到河岸的时候，上尉认为必须要跨越这条河流，当部下劝他留在河边时，他还是一意孤行。结果，上尉与他的部下成了敌人的俘虏，因为敌人早就埋伏在附近。这些情况上校已经知道了，可是上尉却并不知道。乔治在讲故事的时候，语气铿锵有力，不过整个故事的逻辑却始终与弟弟心理的发展程度相适应，使他能够很清楚地理解自己想要表达的意思。

这个故事表明，无论多么优秀的士兵都要无条件地遵守上级的命令，这一点很重要，而且千万不能因为有一些好的理由就违背上级的命令。接着，乔治又讲了另外一个故事。这个故事是说，一位军官受将军的派遣去执行一项重要的任务，对于将军的命令，军官虽然并不清楚这么做有什么目的，但他却无条件地立即执行，最后圆满地完成了任务。乔治把这个故事讲得绘声绘色，埃格伯特听得也津津有味。最后，乔治向弟弟阐述了这两个故事所蕴含的教育意义。

读到这里，一些缺乏教育孩子技巧的人就会想，乔治一定会告诉弟弟：作为一个孩子，应该听从长辈的话。但乔治所要传达的寓意，与这些读者的猜想有很大的不同。在结束的时候，乔治对弟弟说："我想给你一个建议，如果你长大以后想成为一个真正的男人，或是一名将军，如果下属对你不够忠心，就绝对不要把重任交给他们。"埃格伯特使劲地点点头，并说自己绝对不会那样做。

过了一会儿，乔治就跟埃格伯特道晚安，回屋睡觉去了。第二天，乔治又跟埃格伯特说："虽然你还没有养成听话的习惯，但不要因此感到气馁。很多年龄比你大的孩子都不知道这个道理。现在，你已经及时地知道了这个道理，等到有一天，我发现你已经变得完全听话了，我们就可以一起去钓鱼，或者一起做其他的事情。我觉得过不了多久，你就能够养成听话的习惯，到那时，我们可以做许多现在还不能做的事情。"乔治说。

读者可以看到，乔治在了解孩子心理运行轨迹的基础上，使用了一些柔和的手段，便在短时间内树立起了对埃格伯特的绝对权威。在与母亲打交道的时候，埃格伯特可能仍会像往常一样叛逆和不听话，但是犯错之后就必然会受罚，这种观念已经深深地植根于孩子的脑海中。只要教育者用冷静、耐心且不可动摇的态度不断坚持下去，就一定能够使孩子养成服从命令的习惯。但是在这个过程中，切忌表现出恼怒、指责或是不悦的脸色。同时，对孩子的一些无心之失要以一颗宽大的心去理解。这样一来，必然能够使父母或是其他监护人在一个牢固、稳定的基础上，树立起对孩子的绝对权威。

很多已经习惯了不听话的孩子，一旦受到新的教育，就会逐渐变得顺从。这样的例子很多，有时，甚至在父母与孩子之间，都能出现这样的情形。如果经过几年松散而低效的教育后，母亲开始对自己的教育方法产生怀疑，并且确信如不马上改弦易辙的话，很可能就会在日后让自己尝到苦涩的果子。在这种情况下，尽管父母的工作已变得十分艰难，但是，通过改变教育模式，还是能够成功地使孩子服从自己。改变的方法大致也是相同的——母亲从始至终都要坚持冷静、耐心且不可动摇的态度。在这个过程中，除了一些极端的情况之外，要切忌表现出恼怒、责备、指责或是不悦的脸色。以上的做法构成了教育孩子的正确方法，如果能够按照上面所说的要求去实施的话，成功离每位父母都不是很遥远。

看过这个例子之后，父母们可能会觉得太简单了，成功对他们而言，似乎是唾手可得。事实上，事情远非父母们所想的那样简单。表面看来，我们只需要父母的坚定、沉静与坚毅的品质就足够了。但遗憾的是，对父母而言，即使具备了这些最基本的态度，他们在执行的过程中仍会感到困难重重。如果他们不能控制好自己的情绪，又如何来教育孩子呢？

如果母亲能够多少掌握一些这方面的知识，可以通过坚定的、从容淡定的方式，使孩子养成一种绝对服从权威的习惯。当孩子违背自己时，适当地给他一些小小的惩罚，那么是很容易取得成功的。

而且，这并不需要母亲有多高的天赋、多聪明的手段和多深沉的心思——只要把这种简单方法长期坚持下去即可。

对于惩罚的性质及其实行的有效模式等内容，我们将在下一章进一步讨论。

05

惩罚孩子的基本原则

惩罚的真正本质及其精神实质并不在于报复，而是那种单纯的补救性与悔改性。父母在对孩子施加惩罚时，决不能抱着对孩子以前所犯错误进行报复的心理，去寻求所谓的正义；而是应该考虑如何才能让孩子在日后过上更加快乐、幸福、安全的生活。

A b b o t t

每一位父亲、母亲或是老师，要想通过惩罚这种途径来取得积极的结果，就非常有必要对惩罚这种行为进行清醒地认识和了解。了解的内容包括：什么是惩罚？如何才算正确的惩罚？惩罚的方式有几种？只有了解了这些，才能避免给孩子留下“惩罚后遗症”。

惩罚的性质与做法

在惩罚孩子的时候，应该把握一定的原则。我们要考虑的第一个问题是，在实行惩罚之前，要清楚地了解惩罚的性质及执行方法。对此，人们一般有两种不同的看法。

惩罚被一些人看作对以往所犯过错的报复。在这些人看来，惩罚是为了对自己过去所犯的错误进行一个了结，有因必有果，犯了错就要受罚，这是天经地义的。基于这种看法，惩罚已经被人们普遍认可。在这种思想的主导下，人们并不看重惩罚是否会对犯错者以后的行为形成积极的警示作用。另外一些人则将惩罚看成一种补救性的措施，其目的在于通过惩罚这种手段对别人形成威慑，使其不再犯错。

持第一种观点的人将惩罚视为向以往犯过错的人追讨正义的一种手段；

而持有第二种观点的人则认为惩罚应该对一个犯错者的未来具有一定的警示作用，使之成为一种服务未来的善意手段。

至于学校和家庭的教育应采取哪种观点，人们对这个问题几乎完全不存在分歧。那就是排除报复性惩治手段的成分，只选择其补救性作用所产生的良好影响这种成分。正如《圣经》中所说的："伸冤在我，我必报应。"所有人对这句话的理解几乎都是一样的，所以，一旦人们承认了上述观点，那么与惩罚相关的争论将会大幅度减少。只要人们能够静静地沉思片刻，便能够获得一个重要甚至是震撼人心的启示。

这个启示完全可以让父母有效地消除自己在孩子面前表现出来的恼怒及兴奋之情，改变以往那种使孩子感到恐惧的严厉的语调、苦恼的神情、带有威胁意味的姿态。事实上，父母如果在惩罚孩子的时候表现出愤怒，就完全背离了他们想让孩子在以后表现得更好的初衷，反而与那种认为惩罚是对以往所犯过错的惩戒和报复的观点相吻合。

但是，因为惩戒和报复的观点已经深入人心，所以母亲由于孩子犯错而变得愤怒，这就很容易导致她凭着一时的意气去惩罚孩子。这属于一种教育方法，比起放纵娇惯孩子的做法要强多了。但是，作为母亲，在教育子女时，有理由把目标定得更高一些。如果明白了这个道理，父母就会坚定自己对于惩罚功用的看法。他们在对孩子施加惩罚时，会极为注重惩罚所带来的补救功效——也就是说，惩罚只是一种手段，真正的目的是对孩子日后能够产生积极的影响。父母的这种观念无疑会指引孩子走上正确的道路，并最终取得成功。所以当看到自己的孩子犯错以后，父母应该抛弃以往那种动辄大声斥责或是滥用惩罚的做法，取而代之的是冷静的思考，这对于帮助孩子改正错误无疑是极为有益的。

一些父母会产生这样一种观点，他们认为在惩罚孩子时表现出来的诸如愤怒、不满等情绪，会帮助孩子更好地认识到自己的错误，而且这些不好的情绪在教育孩子的过程中是必不可少的。在我看来，这种观点是错误的。孩子对自己所犯错误的认识，并不会因为父母的恼怒、不满而加强，这只是这些父母的一厢情愿而已。为了阐明这个道理，下面我会举一个例子进行说明，在关键处会做出详细的解释。我们所举的这个例子，与上一章所提到的乔治和埃格伯特的例子很相似。

【家教实例】玛丽散步

“玛丽。”玛丽的阿姨简妮在叫她。简妮要到乡下去探望玛丽的母亲。“我下午要到乡下去，如果你想去，我们可以一同前往。”

“好啊。”玛丽很高兴能够跟简妮阿姨同行。

简妮阿姨说：“在去的路上要穿过一片田野。因为今天早上下了一点小雨，我怕草地还没有完全干。所以当我们经过那里时，你必须要走在大路上，不要四处乱跑。一定要记住，知道吗？”

“好的，简妮阿姨，我会一直走在大路上的。”玛丽爽快地回答。

于是，她们出发了。从她们走出家门开始，玛丽就一直走在通向田野的大路上。

简妮阿姨说：“记住，玛丽，你一定要时刻走在大路上。”

玛丽没有吱声。出发以后，她就一溜烟地向前奔去。很快，她就走到了草地的边缘。

天气十分晴朗。这时，她忽然发现有一个地方的草长得不是很高。她毫不犹豫地朝着那个方向走了过去。到了以后，她抬起脚，看了看自己的鞋底，是干巴的。但是阿姨却与她离得越来越远，玛丽喊道：“阿姨，这里的草地是干的。”

“我也这样认为，虽然我不敢肯定，我想草地确实是干的。不过你还是到这边来吧。”阿姨说。等玛丽过来以后，她抓起了玛丽的小手说：“我决定不去乡下了，咱们回家吧。”

“不要啊，简妮阿姨。”玛丽一边说着，一边跟随着阿姨的脚步。“这到底是为什么呢？”

“我是不会改变主意的。”阿姨说。

“你为什么要做出这个决定呢？”玛丽疑惑地问道。

阿姨握着玛丽的手，她们沿着来时的路往回走。

“因为你没有乖乖地听话。”

“什么，阿姨？”玛丽说，“但是我走到的地方，草地都是干的啊。”

“是的，那里的草地确实是干的。”阿姨回答说。

“我走到那里，并没有给我造成什么伤害啊。”

“是的，一点伤害都没有。”

“那你为什么还要回家呢？”玛丽越想越不解。

“因为你没有听我的话。”简妮阿姨回答说。

阿姨接着说：“你知道吗，有一件事你现在还不懂，因为你还是一个很小的孩子。等你长大了，你就会明白了。你不懂事，我是不会责怪你的，因为你还小。”

“那有什么是我不懂的呢？”

“如果我现在向你解释，你也不一定能够很好地理解。”

“试试看吧。阿姨。”

“好吧。因为与不听话的孩子在一起时，我会觉得没有安全感。这次你没有造成什么伤害，只是因为那里的草地恰好是干的。但在前面不远的地方，就有一条小溪。我担心你会掉下去。如果我们继续向前走，你就会像刚才那样不听话，并且认为小溪也没有什么危险——就像你没有进入草地前就自以为草地是干的一样。到了那时，就算我要求你走在大路上，你也不会听话的。我与那些不听话的孩子在一起的时候，尤其是在可能遇到危险的时候，我会觉得很危险。现在你知道了吧？”

玛丽听完简妮阿姨的解释以后，马上信誓旦旦地保证，无论日后发生什么情况，都会听从阿姨的话。同时，她还在一旁不断地恳求简妮阿姨继续带她到乡下去。

“不行。我不能相信你做出的承诺。你还记得吗？在出发之前，你就向我保证一定会走在大路上的。但当你面临诱惑时，你却不能坚守自己的诺言。你应该认识到，这是一个教训。以后当我再走一些很安全的路时，我会再带着你去的。如果你以后表现得更好，无论是否存在危险，我都可以带你去。”

简妮阿姨通过这样柔和而又坚决的态度，拒绝了玛丽继续去乡下的要求。但她能够很有技巧地在对话中立刻转移话题，使玛丽不再纠结于自己所犯的错误。一路上，简妮阿姨不时地讲故事来逗她开心，并帮助玛丽采集花朵。到家以后，简妮阿姨再也没有提起任何关于玛丽不听话的事情。在这个例子中，简妮阿姨对玛丽施加的惩罚，并没有任何的责骂与意气用事，甚至没有表现出一丝不悦，但却能在玛丽的脑海中烙下难以磨灭的印记。在玛丽完全服从她的意愿之前，如果简妮阿姨能够一直坚持这样的原则，那么她就是最成功的教育者。

与上述教育方法的成效相比，运用斥责和威吓手段来教育孩子会有什么结果呢？我们可以试着对比一下。

假如简妮阿姨气愤地吼道：“玛丽，玛丽！你马上给我回到大路上。我不是已经告诉你不要远离大路吗？你就是不听话，你真是个不乖的孩子。如果下次还这样的话，我就直接把你送回家！”

玛丽心中可能也窝了一肚子的不满与怨气，口中不由得小声嘀咕：“简妮阿姨今天的火气可真够大的！”但是，真正到了“下一次”的时候，玛丽依然会像这次一样不听话。

如果在此时，简妮阿姨没有采取责骂或是威吓的手段，而是直接将“下一次”才采取的行动立即付诸实践，那么马上就能取得积极的效果。从此，她们也会摒弃这种充斥着火药味的交谈，而且双方都会从这种改变中得到很多启示。

更重要的是，惩罚这种教育模式的目的不在于报复，而是将重点放在了对日后的补救作用方面。玛丽认为，并不是因为自己不乖才不能继续前进，她也不会认为这是自作自受，而会认为自己那样做的确存在危险。

看到这里，一些母亲可能会这样说，像玛丽与简妮阿姨这样的例子，只能在理论上行得通，一旦到了现实生活中，母亲并没有足够的闲心与耐心用这么温和的处理方式来教育孩子。她们会说：“我们总不能在每次要去某个地方或做某件重要事情的时候，因为孩子的任性与不听话就中止活动，白白浪费整个下午吧。”

对此，我的回答是，母亲每次都这样做当然是没有必要的，而且在使用之前应该谨慎考虑。偶尔运用一两次这个原则，就足以让孩子认识到，当发生类似的情况时，父母就会表现出一种“必定性”。只要孩子有了这样的认识，很快就可以使他们改正自己的行为。实际上，就上面的例子而言，如果玛丽从小就受到这样的教育，那么大人不允许她做的事，她就决不会做。幸运的是，虽然玛丽的母亲在教育孩子时犯下了错误，但简妮阿姨却知道如何去纠正这个错误，这些情况在现实中是完全有可能存在的。

但是，人们必须承认，父母可以通过自身具备的理智与常识，自觉地运用一种柔和的方法，牢牢地控制孩子心灵发展及性格形成的走向。在我们探讨的每个具体例子中，每种能够取得成效的教育方法都需要父母对孩子进行长时间的关爱后才能使用，而不是只凭着他们在气头上给孩子一巴掌就能一蹴而就的——就像一只母猫对付自己不听话的孩子时那样。这种教育方法做起来最简单，也没有什么技术含量。其实，父母要想真正触及孩子的心灵，就不能使用带有暴力性质的方法，比如叱责、责骂等。

父母或老师在运用这里所介绍的方法时，必须要从孩子很小的时候就开始施行。如果他们能够做到这一点，就会发现这种方法比他们所想象的更加有效、更加直接。他们能够更早地在孩子心中树立起父母或老师应有的权威。但是，还应该特别指出一点，就是在我们上面所阐述的例子中，惩罚的真正本质及其精神实质并不在于报复，而是那种单纯的补救性与悔改性。父母在对孩子施加惩罚时，决不能抱着对孩子以前所犯错误进行报复的心理，去寻求所谓的正义；而是应该考虑如何才能让孩子在日后过上更加快乐、幸福、安全的生活。

惩罚的目的是告诉孩子：有错必惩

这种惩罚很可能会表现出态度温和、效果微弱的特点，但一定要让孩子觉得他每次犯错之后都会受到惩罚。正是这种犯了错就会受到惩罚的“必定性”，而不是惩罚所具有的“严重性”，才使这一方法奏效。很少有孩子会被蜡烛的火焰严重灼伤，因为，他们在日常生活中已经知道，只要试图触碰火焰就会产生一种轻微的烫热感，所以他们决不会继续这样坚持下去。究其原因，正是其中存在着一种不变的“必定性”。

但是，许多母亲对此却不甚了解。她们仍然采用叱责或威吓等传统的手段，口口声声说“下次”会如何如何；有时在孩子犯下严重错误时会对其进行严厉的惩罚。但是，如果能够在孩子犯小错时，采取一种温和而又冷静的方式来处理，效果显然会更好。

如果一个孩子出门时扬长而去、从不关门，并形成习惯的话，你可能因此对其偶尔进行责骂，尤其是在隆冬时节，你会生气地把他关在柜子里。但是这些惩罚措施是不足以让孩子改掉这种坏习惯的。假如门口有一台机器人，在孩子每次进出门时，都会自动提醒他要关门，并且让他站在门口数 10 个数才能通过。如果这一柔和的惩罚方法能够坚定地执行下去，那么孩子就可以在短时间内成功地改掉这个坏习惯。但实际情况是，母亲不能把希望寄托在这种尚未发明出来的自动机器人身上，而自己又不能每次都在那里站着。但她确实希望能够使用这种方法，并且尽量地将其付诸实践。所以只要她本人在场的时候，便总是坚定地执行这一措施。尽管她不能像一台自动机器人那样，使孩子在很短的时间内成功地改掉这个毛病。但是，她仍然应该尽早地去实践这一方法。

在惩罚的时候，父母应该使自己尽量避免“怒发冲冠”，因为这样会直接刺激到孩子的心灵，使他形成暴躁的脾气。当然，我们不可能在所有情况下都做到这一点。但是对想要教育好自己孩子的母亲来说，就到了发挥她们聪明才智的时候了。如果能够娴熟地运用这些方法，就能很有效地避免对孩子的心灵造成伤害。

在惩罚过程中，父母首先应该给自己打一针“预防针”——决不要让自己表现出愤怒的情绪，也不要说出激烈的言辞。如果孩子犯的错确实让你怒火攻心，那么应该马上停止对事情本身的主观判断。在怒气消退之前，暂且“偃旗息鼓”。这样，你就可以冷静、全面地考虑整件事情，明白自己应该如何处理。切忌带着一种发泄自己心中怒气的心理去惩罚孩子，而应该从一个对孩子有益的角度去处理。当你知道应该怎样处理时，就应该采取友善的姿态，坚定、持久地执行你的决定，切忌表现出一种盛气凌人的架势。

争取得到孩子的合作，这会让孩子热心于改错

在许多情况下，父母要想有效地纠正孩子的过错，都需要发挥自身的聪明才智。在纠错过程中，如果能够得到孩子的合作，就会使孩子热心于改正

自己的错误。这时，可以说事情已经成功了一半。当然，在这种情况下，将惩罚用在他们身上，也能取得很好的效果，而且不会让孩子产生一丝不悦。为了证明这一点，我们用一个例子来说明。

小埃格伯特已经七岁了，与同龄的孩子们一样，他在穿衣服时也有磨磨蹭蹭的毛病。当闹钟响过两次以后，他还没有准备好去吃早餐。妈妈决定，如果埃格伯特能自己制订一个计划去改正自己的毛病，她就奖励他一下。

"我不知道该用什么具体方法来纠正你的这个坏毛病。"妈妈对他说，"但如果你能想出一个计划，使你成功地改掉这个坏习惯，那么我就带你乘车远行。"

"有多远啊？"小埃格伯特问。

"十里。我会带你去十里以内任何你想去的地方。不过前提是你必须要改掉自己的坏习惯。"

"我想你应该给我一些惩罚，好让我改掉这个毛病。"埃格伯特说这句话的时候，语调显得很平和。

"可能需要惩罚。但你自己也可以想一些可以接受的惩罚方式。我给你两周的时间进行改正，这段时间内如果你不能改掉这个毛病，我就会认为你自己的惩罚力度还不够，或者说效果不佳。但如果你能取得成功，我就会带你远行。"

埃格伯特也希望自己能想出一些惩罚措施，他觉得姐姐玛丽或许能够帮他一把。妈妈也同意他可以就这个问题向任何人请教。在经过一番思索后，玛丽建议，以后如果他不能及时穿好衣服，那么在吃早餐时，他就只能得到一块方糖，而不是之前的四块。

因为埃格伯特在吃早餐时，喜欢把方糖溶在水中以后再喝水。第一次响铃的时间是早上六点半，早餐的时间是七点。姐姐说，半个小时已经足够他把衣服穿好。埃格伯特应该在早上七点时走下楼梯开始吃早餐。如不能做到这一点，就只能得到一块方糖。

七点钟之前要穿好衣服，埃格伯特认为完全没有必要。实际上，他并不知道自己能否在早餐开始前穿好衣服，所以他想把起床的时间定在六点钟，这样自己就有一个小时的时间去穿衣服。但玛丽表示反对："虽然你想用一个小时的时间去穿衣服，但实际上半个小时对你来说已经完全足够了。照你的打算，你也许能够用一个小时的时间做好吃早餐的准备，但丝毫不能改变你拖沓的坏习惯。你还是应该用半个小时的时间去穿衣服，而且，你也不会遭受到任何惩罚。要想改变这个习惯，在穿衣服的时候，你一定不要玩耍，否则就会受到惩罚。"

就这样，他们决定把穿衣服的时间限定为半个小时。

埃格伯特惩罚自己的方法是——如果他不能做到，就只能得到一块方糖。但是对此妈妈却表达了自己的异议。她说："这一计划可能会成功，我也相信你一定会努力尝试的。但我想，在穿衣服时，你还是可能会情不自禁地受到诱惑，然后就又玩了起来。那时，你会自己安慰自己：'不管怎样，我都能得到一块方糖。'这不就等于向诱惑投降了吗？这样吧，如果你不能做到，就连一块方糖都得不到，这样也许更加彻底，你成功的希望也会更大。你可以试试看，而且我保证，会尽量用一些柔和的方法帮助你达到目标。"

从这位母亲的教育方法中，我们可以清楚地看到：对于如何遵守自己制定的惩罚方法这一问题，埃格伯特与母亲进行了合作。实际上，这是让埃格伯特自己去约束自己。但是，与其他的方法或计划一样，如果只是让他自己监督自己，就会在惩罚力度上大打折扣，从而不能取得良好的结果。这些方法要想严格、坚定地执行下去，还需要母亲的有效监督。在对孩子进行早期教育的时候，我们不能让孩子自己代替母亲去担任监督者的角色，但如果孩子能够采取合作的态度，那么父母无疑会得到巨大的好处。

惩罚也可以充满乐趣

其实，对孩子采取任何一种惩罚方法，要想取得成效，都必须坚持其“必定性”。在很多情况下，在一种充满欢乐的气氛下对孩子进行惩罚，更有利于其改正错误。

举个例子来说，乔治遇到任何事情都要同妹妹阿米莉亚进行激烈地争论。

在他上床睡觉之前，母亲讲了一个与乔治的生活相关的故事，乔治说：“这的确很愚蠢，但我就是控制不住自己。”

“看来，应该用一些惩罚手段才能让你记住这一点。”

“但在某些时候，妹妹才是最应该受到指责的人啊。”

“不！在文明社会里，如果一位男士与一位女士发生争论，人们总是会认为这是男士的错。”

“但阿米莉亚与我并不属于所谓的‘文明社会’啊。”

“无论怎样，你作为哥哥，当与妹妹发生争执时，都会受到指责。但是，你的年龄还小，没有运用足够的理智去避免这些争论的发生。当你再长大一点，自然就会明白这个道理。”

“妈妈，那该怎样惩罚呢？”

“你真的想通过接受惩罚来提醒自己克服这个缺点吗？”

乔治的答复是肯定的。

“那么，我给你一个建议，以后当你与阿米莉亚发生争执时，你就把夹克脱下来，反过来穿，以此来提醒自己这件事是多么愚蠢。”

乔治听了妈妈的这个建议后，哈哈大笑，他非常乐意接受这个惩罚，并认为这是一个很有趣的主意。妈妈解释说，这个主意确实很有趣，不过在执行时恐怕会出现困难。如果乔治决定接受这个惩罚，那么就必须遵守这个承诺。只要他发现自己和妹妹发生了争执，就必须马上停止争吵，并且把身上的夹克脱下来，然后反穿。如果妈妈当时就在旁边，她会简单地说一声“夹克”，乔治听到以后，就必须照做。

“无论我们两个人谁错了，都是我最应该受到指责吗？”乔治问道。

“是的，无论在什么情况下，你都是最应该受到指责的。如果一个男孩在与他妹妹玩耍的时候发生了争执，那么当哥哥的就应该承担责任。可能在一开始的时候，是妹妹做错了，从这一点来说，她理应受到批评。但是你却将其演变成一场争吵，所以你难辞其咎。在一些鸡毛蒜皮的小事上，你应该让着妹妹，而不是跟妹妹一争高下。如果这件事会导致你和妹妹争吵，那么你应该自觉地走开，不去跟妹妹争吵。现在你知道了吧，在大多数情况下，一旦发生争论，你就是那个最应该受到指责的人。在某些情况下，可能你并不应该受到指责，但你必须接受惩罚。因为你是一个男子汉，这是社会上普遍认可的行为准则。”

“我们在两周之内来试验一下这个惩罚，所以，从现在开始你要记住，以后每当我听到你与妹妹发生争吵，你就必须脱下夹克，然后反穿几分钟——具体时间的长短由你自己来决定，只要你认为自己足以改掉这个毛病就行。两周以后，我们再看看这种惩罚到底有没有取得积极的效果。”

“现在，乖乖地闭眼睡觉吧。你是个乖孩子，希望你能够改正自己的缺点，并且能自己想办法去改正。我相信你每次接受惩罚时都会心甘情愿，不会制造什么麻烦。”

现在，父母们应该记住，这种教育方法能否取得成效，不在于使用什么样的惩罚方法，也不在于父母跟男孩展开类似的谈话，而在于之后两周的试

验期间，母亲能否严格、忠实地执行这一惩罚计划。

根据这个例子，如果乔治能够在这期间取得很大进步，母亲就应该告诉他，在这两周里，惩罚计划实行得非常成功。在以后的日子里，乔治已经没有必要再脱下并反穿夹克了，母亲可以提议将惩罚的方式改成脱帽子，或是反戴帽子。

聪明的读者当然应该明白，这个例子中所讲的这些具体做法，在某些具体的情况中并不适用。其主旨在于，母亲要想有效地教育孩子，应该具备一种什么样的精神实质和心态。当然，在这些有效的教育中，不应该包括责备、愤怒以及抱怨这些常见的方式。如果能够坚定、持久地执行惩罚计划，采取一些有趣的惩罚方式，就能够取得很好的效果。

惩罚也要讲究方法

为了帮助孩子改正错误，父母应该尽量改变惩罚的性质，并使之成为一种自然的习惯。如学校里的男生在二十分钟的课间休息之后，往往还要再等五分钟，才慢慢地拖着脚步回到教室。下课以后，老师就应该让他们在教室里多待上五分钟，以弥补被浪费掉的五分钟。男生会觉得这是一种合情合理的惩罚，这对那些男生在日后少犯同样的错误会有一种良好的效果。虽然也有可能会使他们在心里感到不满，削弱了惩罚的效果，但不至于使男生们感到怨恨。不管怎样，老师应该考虑到这种情况，并且尽量去避免。

现在，如果换一个角度，换一种惩罚的方式，那么效果就会好得多。例如，一堂课刚刚结束，在男生走出教室之前，老师这样对他们说："昨天我发现你们多花了五分钟才回到教室。今天，我会在你们休息到十五分钟的时候打铃，加上你们拖延的五分钟，这样你们就能按时回到教室了。如果我发现你们需要多花十分钟，那么，明天我就给你们更多的时间用来回到教室——在你们出去十分钟后，我就打铃。

"这样做会导致你们失去部分课间休息的时间，对此我感到很抱歉。如果你们能够按时回到教室，那么你们将会拥有相对更长一些的课间时间。我想在N次之后，你们能够只用一分钟的时间就回到教室。对此，我毫不怀疑。如果真是那样的话，我会感到很高兴。那样，你们将拥有十九分钟不间断的课间休息。这对你们可是个好消息啊！"

在这两种方法中，男生所受到的惩罚其实是相同的，因为他们都少了五分钟的课间玩耍时间。但是只要人们对教育孩子有一定的经验，马上就会意识到，这种方法与前面那种直接的方法相比，收到的效果是大不相同的。

同样的道理，如果父母允许一个三四岁的男孩在院子里玩耍，孩子很可能会时常跑到大街上玩耍，并逐渐形成一个习惯。于是，母亲便应该给他适当的惩罚。她可以要求孩子在一天之内待在家里，并且只能在她的视线范围之内活动；并要求孩子晚上提前一个小时上床睡觉，与其让他遭受其他的麻烦，这个办法所产生的效果要好得多。尽管不能一直坚持这样做，但父母还是应该千方百计地使孩子的心灵避免受到愤怒与怨恨的冲击。这是在教育孩子时最重要的一点，否则它只会使父母惩罚的效果大打折扣。也就是说，惩罚的效果仍然要放在第一位，但父母可以发现，如果采用温和、友善的手段进行惩罚，取得好的效果并没有想象中那么难。

在上面的例子中，母亲不允许孩子走出自家的院门，而且还要孩子在她的视线范围内活动。这时，母亲对于孩子所犯的错误不要反复地谈论，也不要加重对他的惩罚，更不能采用一些令孩子感到厌烦的惩罚手段。母亲可以表达自己的不满，但应该尽量缓解惩罚给孩子带来的影响。她可以对孩子说："对于让你待在家里这个决定，我感到很抱歉。但是，我觉得如果你能够在院子里玩耍，会玩得更加开心。如果有安全保障，我会让你在大街上玩的。但是，我不会因为你在没有安全保障的大街上玩耍就责备你。因为只要是跟你差不多大的孩子，都会经常做出这样愚蠢的事。也许你会觉得在大街上走路更加有趣。但是，在大街上玩耍太危险了。等你长大一些后，你就不会再做出那样的蠢事了。那时，我就会放心地让你在院子里玩，也不会再时刻看着你了。现在你待在家里，我做什么事情能让你感到开心呢？”

在母亲用这样的态度和语言与孩子进行交谈之后，即使不能彻底消除这种做法给孩子带来的消极影响，也能够最大限度地降低对孩子心灵的伤害。与其他严厉的报复性措施相比，这种方法显然能够更加有效地帮助孩子改正错误。

在教育孩子的过程中，一些父母会问：是否应该使用体罚手段呢？许多教育学家对这个问题一直争论不休。在我看来，问题的关键在于，这一手段应该如何实施？实施以后能否获得预期的效果？如果父母和老师有足够的能力，并对孩子的心理有充分的了解，那么他们不必对孩子进行任何形式的体罚，就能很轻松地树立自己的权威。如果他们不具备这些能力，那么就只能退而求其次——用棍棒来教育孩子，这样总比无所作为要强得多。但是，确实只有野蛮人才会靠棍棒来教育孩子。马利亚·埃奇沃思可以用她的权威牢牢地控制一大群精力旺盛且冲动的年轻人，而且可以不用任何严厉的词语，甚至连眉都不用皱。可见她在教育孩子方面的能力有多强。在与孩子交往的过程中，如果母亲能够始终保持一种公正、柔和而且诚恳的态度，那么我相信，母亲完全可以在不用体罚手段教育小孩的情况下，完成她的使命。在那些不理会这些方法的父母看来，对孩子进行体罚则是不可避免的。毫无疑问，棍棒能够对孩子的行为起到一定的约束作用，在很多情况下也能收到很明显的效果，但这种教育方法确实很低级。

06

教孩子听话的第二种方法：学会奖赏

在给予孩子奖赏的时候，父母首先应该把孩子所做的正确行为和他们所感受到的愉悦情绪紧密地联系起来。所以，父母决不能事先就承诺要给予他们奖赏。否则，在孩子眼中，父母就应该永远遵照这个承诺，就如同为孩子的“服务”支付薪水一样。

A b b o t t

在前两章中，我们谈到应该如何培养孩子顺从父母权威的习惯。这种教育模式的具体操作过程是：当孩子每次犯错以后，就必须要让他经历一些形式温和却又令他感到不舒适的惩罚，以此来抑制小孩子产生叛逆心理。在本章中，我们要讨论另外一种教育形式。这种方法与前面谈到的两种方法在某些方面会有所不同，因为这种方法主要是对服从父母命令的孩子进行奖励，诸如给孩子一些嘉奖，或是为他带来欢乐，等等。总而言之，因为孩子能够顺从父母，所以父母就应该对他进行奖励。

只要父母坚持采取柔和的方式，就能够成功地教育孩子，虽然父母对孩子的惩罚很轻微，但只要坚持逢错必究、有过必罚的原则，还是能取得很好的教育效果。而本章所说的这种奖励的方法，却需要父母具备更多的聪明才智、能力、技巧、耐心，以及足够的辨别力。否则，父母是无法胜任这项工作的。要想有效而又公正地对孩子进行奖励和表扬，就需要父母拥有极高的辨别力，而且要对孩子不同时期的不同心理特征有所了解，对这种方法能否取得预期效果也要有所认识。在某些时候，还要对一些看上去百试不爽的做法进行适度的改变，以此来适应不断变化的时间和地点。

孩子的顺从不能是“买”来的

父母采用温和的方式对孩子进行惩罚，孩子会对此形成习惯。同样的道理，如果孩子将父母的奖赏或赞扬视为理所当然，或认为父母是在用“买”的方法使自己顺从，那么对父母而言，孩子对自己的顺从确实就是用钱换来的。严格说来，这种做法并不是对孩子进行奖励，而是鼓励他去做坏事。下面，我们就用一个具体的例子说明这两种教育方法的细微差别。对于其中的差别，如果母亲缺乏足够的辨别力，便很难察觉。

例如，在夏天的某个下午，一位母亲要前往一个村庄。临行前，她让苏珊负责看管孩子。苏珊正在厨房里干活，透过厨房的窗户，她能随时了解孩子们的情况。她认为，如果孩子们一直待在院子里玩儿，他们是很安全的，无须担心。唯一要提防的就是不能让他们跑到大街上。

很多情况下，孩子在马路上玩耍会存在很大的危险。但是，母亲仅凭自己对孩子的一番说教，是不可能完全控制孩子的行为的。所以，最安全的做法莫过于把大门锁好。如果这位母亲相信孩子会服从自己的命令，那么她是不会考虑孩子不听话就会受到惩罚这个想法的。本着只要孩子听话就对其进行奖励的精神，这位母亲会根据不同的管理模式，来决定自己对孩子的奖赏在性质上是否属于“购买”。如果她想“购买”孩子的顺从，她只要告诉他们，她要去村庄一阵子，在她离开期间，他们要乖乖地待在院子里玩，决不能走出大门。如果他们听话，在她回来的时候，就会给他们买一些东西；如果他们不乖，就什么也得不到。

如果孩子充分信任自己的母亲，那么母亲的这种承诺就会发挥作用；只要孩子相信母亲回来时一定会给自己带来一些被用作奖赏的东西，那么这种做法就会行之有效。即使孩子不信任母亲——母亲也没有给予他们这种信任，也会让孩子觉得，如果这次听话的话，那么到了下次，母亲还会用一些奖励来引诱他们；如果不乖乖地听话，就得不到母亲承诺过的奖赏。不管怎样，只要孩子能够信任母亲所做的承诺，那么这种办法就是有效的，但仍然改变不了“购买”的性质。这样做并不一定就是个“坏主意”。但我相信，一定还有比这更好的办法。在母亲直接给予奖赏的情况下，孩子能够逐渐养成顺从的习惯，比起那些对孩子进行威胁或惩罚的手段来，这种方法对双方都是有利的。

不妨间接给予孩子奖赏

还有一种方法，不仅使孩子心情愉悦，还可以在一种友善的氛围中使其顺从父母的权威。同样是劝诱孩子养成顺从父母的习惯，这种方法相对于直接给予孩子奖赏，显得更加积极健康。

同样是上面这个例子，母亲在离开孩子时，只是让孩子乖乖待在院子里，但没有承诺要对孩子们进行任何形式的奖赏。她从村庄回来以后，向苏珊询问孩子们是否听话。如果苏珊的回答是肯定的，她就会对孩子点头微笑，带着一脸的喜悦。母亲会对孩子们说：“我就知道，你们会听我的话，现在我更相信你们了。”

就这样，一直到了晚上，孩子们或许早就把这件事忘记了。但母亲却找到一个合适的机会，把孩子们都叫到自己的身边，说自己有事要跟他们说。“你们大概都还记得吧，今天我去村庄时，把你们留在院子里玩耍。我对你们说不能走出大门一步，你们都遵守了这一点。也许，当时你们很想去大路上自由地玩耍，但你们因为我不准你们这样做，你们就没有做。你们都很听话，我感到很高兴。我现在对你们很放心。如果你们是不听话的孩子，我就会为你们感到担心，毫无安全感。现在，你们令我充满了安全感。所以，当我在村庄里买完东西后，我觉得应该买一些棒棒糖来奖励你们，棒棒糖就在这里，你们可以坐在地毯上，把这些糖果都分了。玛丽你先拿一颗，然后轮到简妮，直到你们把糖果全部平分到每个人手里。”

有的读者可能会说，这种方法与直接给予孩子奖赏的方法基本上没什么区别。其实，如果仔细推敲，我们会发现，它们所采取的方式并不一样。在某些情况下，在实行某种教育方法时，方式的改变会对结果产生很大的影响。如果你为了对孩子们服从命令的行为提出表扬，就直接给予他们奖赏，他们就会想当然地认为这是一场交易。从此以后，他们也会自然地认为，只要完成了自己的义务，就理所当然地应该从父母那里获得奖赏，他们甚至会主动走过来向你索要奖赏。实际上，这的确是孩子在这种情况下真实的心理写照。如果事情发展到这种地步，那么无疑会冲淡孩子的责任感—— 一种要做正确的事情的责任感。他们要么会有选择地去做正确的事，以便获得奖赏；要么宁愿放弃父母的奖赏，只为做一件坏事。

但是，对于第二个例子，虽然乍一看只是在形式上与第一个例子有所区别：母亲用间接的方式对孩子的顺从进行了表扬，然后把糖果分给孩子，这会在孩子的心里产生一种积极而又愉悦的效果。做正确的事对他们而言，就显得格外具有诱惑力。以后，当孩子遵守父母的命令时，他们会自愿去做正确的事，因为他们认识到了自己的责任感。在他们的脑海里也不会产生这样的想法：顺从母亲的意志，待在院子里，是母亲用奖励从他们那里换来的，而最后得到奖赏也是理所应当的。

奖赏的原则：把孩子正确的行为与获奖的快乐联系起来

在给予孩子奖赏的时候，父母首先应该把孩子的正确行为和他们所感受到的愉悦情绪紧密地联系起来。所以，父母决不能事先就承诺要给予他们奖赏。否则，在孩子眼中，父母就应该永远遵守这个承诺，就如同为孩子付出的“服务”支付薪水一样。当母亲看到孩子的正确行为，看到孩子自觉服从命令时，自然会流露出一种满意、快乐的情感，这时母亲才应该给孩子以奖赏，对其进行激励。

如果母亲能够对这一原则了然于胸，在实际生活中，她们就会以此为基础，变换奖励的方式。例如，阅读。阅读对孩子来说，通常是一件无聊透顶的苦差事。因为要他们放下手中的玩具去读书识字，对他们来说简直太痛苦了。有时，不够耐心的母亲会对孩子如此差的学习劲头感到心痛不已；一旦母亲发现，自己的孩子对读书这么有用的事竟然提不起半点兴趣，她就会感到苦恼不已，并可能会因此而责骂、吓唬孩子。“如果你现在不努力读书识字，等你长大之后就会变成一个蠢材。到那时，每个人都会嘲笑你，你也会因此而羞于见人。”

对孩子来说，他们对于学习阅读还没有一个明确而又坚定的认识。实际上，他对此可以说是一无所知。尽管母亲可以向孩子讲这些理论上的东西，比如指出其学习的重要性什么的，但是，这些描述往往难以在他的脑海中形成一种感知上的认识。通过对未来的预见来指导现在的行为，这种能力只有心智完全成熟的人才能具备。对于脑部组织尚未发育成熟、体格还没有发育到具有足够的韧度和力量的孩子而言，很显然，他们还不具备这种能力。

在这个阶段，他只会受到眼前事物的强烈影响，至多受到一些最近发生的事情的影响。这是自然规律，谁也无能为力。因为孩子的预见能力弱，许多母亲就会感到郁闷和苦恼，为什么孩子就不能把眼光放得更长远一些呢？可见这些母亲对于孩子的幼小心灵及其发育过程有多么无知。与其说母亲是在为孩子不能认识到学习的重要性而大动肝火，不如说她是在和孩子发育缓慢的预知能力斗气。这又是何苦呢？

要想使孩子认真地履行学习的职责，不能光靠跟孩子说读书是多么重要，而应该用父母对孩子的绝对权威来教育他们。母亲可以说：“我知道读书识字是件很烦人的事，但是你必须要这么做。玩耍时，你会很开心，这一点我知道；要你回来学习一些难懂的词有多难受，这一点我也知道。对所有孩子来说，这都很不容易，但是你必须得做。”

对于其他类似的事情，也可以使用这种方法，因为它能够最大限度地减少责任感带给孩子的那种厌烦、不满的情绪。在这里，父母并不需要去劝诱、说服孩子，只要通过对孩子的绝对权威来达到目的就可以了。孩子必须要放下手中的玩具，回到书桌前学习，他们这样做并不会从母亲那里得到任何好处，只是因为母亲要求他必须这样做而已。

既然孩子认为阅读识字是一件苦差事，那么母亲为了让他得到一点乐趣，可以在孩子学习完以后给他讲个小故事，或是让他看一张图片、玩耍一阵，也可以给他一块糖果，通过这些途径使孩子获得一点点满足。但要注意一点，所有对孩子的奖励都不要事先就告诉他，避免使孩子从心里产生一种你是在“购买”他的顺从的印象。要让孩子对你无条件地服从，然后再给他一些奖赏。看到孩子十分听话，母亲自然就会流露出满意的态度，这种奖赏就是对孩子时刻顺从父母权威及对他忠诚履行自己职责的一种鼓励。

不能让孩子从听话变成盲从

在大多数情况下，孩子会为了眼前的乐趣而不去理智地分析、预见未来的事情，进而做出改变。虽然我们对此并没有抱太大的期望，但绝不能因此就形成母亲一点也不能利用孩子这种动机的认识。确实，一般只有成年人才具有那种对未来事情的预见性和自制的能力，对孩子来说，他们的脑海中显然还没有形成这种认识。但母亲却可以为孩子学习这种能力提供很大的帮助。在适当的时候，应该让他知道阅读的乐趣与价值。当然，为了达到这一目的，她应该想尽办法以最生动、有趣的方式来实现。如在选择课程时，在出行驾车时，也可在散步之际，甚至是在讲故事、欣赏画册的间隙，都可以去做。最不适宜的情况，是当你对孩子下达命令，而他却并不想遵守或很不情愿地去遵守的时候。这时，对母亲而言，她们或许并没有意识到，用理智或是对孩子说教的方式来巩固自己并不牢固的权威，这种做法其实收效甚微。因为在这种情况下，她越是想对孩子进行教育，她的权威就越会被削弱。这就好比一株已经习惯于缠绕在竹篱上的植物，如果没有竹篱作为依傍，它就不能存活。

一旦母亲开始企图用与孩子争论、哄骗等手段来维持自己的权威，那么就意味着她的权威已经开始受到前所未有的削弱。

父母不能用权威压制孩子

当父母努力树立自己在孩子面前的绝对权威时，必须将这种绝对权威当作一个坚定的原则，决不能因为使用劝说或说教等容易使孩子产生抗拒或叛逆心理的方法，就放松了对孩子的绝对权威。为了坚持这个原则，在实现这个目标时，父母可以采取一些其他的方式，这在一定程度上能够使孩子的服从变得更加容易，至少它可以削弱孩子在服从父母命令时那种畏惧与不满的程度。

一个比较有效的方法是，不要突然要求孩子去做一件让他感到难以接受的事情，而是应该给他一点时间去准备，让他在心里好好想一下即将发生的事情。例如，当约翰尼与玛丽正在地板上高兴地玩积木，也许他们马上就要完成垒建许久的塔顶。如果这时母亲突然走进房间，不由分说便粗暴地弄倒他们即将建成的木塔。将积木收进篮子里以后，母亲又大声对他们吼：现在应该上床睡觉了。这种做法的突然性、粗暴性都会对孩子的整个神经系统造成极为强烈的刺激，而且大大加剧了孩子在遵守母亲的强制命令时的那种失望、痛苦的心情，但假如母亲能延迟哪怕短短一分钟时间，就能让孩子有足够的心理准备，他们就能很容易、很愉快地接受母亲的命令。比如，母亲面带微笑走进来，饶有兴致地看着孩子们玩积木，然后语气舒缓地说："孩子们，现在已经到了睡觉时间，不过我想看你们完成积木。"

在这些情况下，在母亲做出最后的决定前，只要延迟一分钟，就能把整个行为的突然性降到最低。孩子也会更愿意遵从母亲的话，放弃玩耍，乖乖地上床睡觉。这会让他们更乐意听妈妈的话，而不是像之前那样感到极为恼怒、痛苦。

多给孩子一点儿缓冲时间

同样地，当母亲想结束孩子们的派对时，作为女主人，她可以说："因为时间的关系，孩子们只能再'玩一下'或是'玩两个游戏'，然后，派对就必须要结束。"母亲这种方法能够使孩子们相对容易地接受建议。但是，如果派对结束的时间一到，母亲便马上贸然打断玩得正起劲的孩子，说现在时间已经到了，派对应该马上结束，他们现在必须立刻停止玩耍，准备回家。这种做法无疑会使孩子感到极其突然，内心会产生一种极度的失望与无奈之情。

所以，不管出于什么目的，当母亲准备让正在玩耍的孩子去做一些事情的时候，一定要事先给他们提个醒，哪怕是一点暗示也行。例如，母亲可以对约翰说："约翰，再过一两分钟，你去找一些木材带回来。现在，你先准备一下，一会儿就出发吧。"对玛丽则可以这样说："玛丽，现在已经到上学的时间了。你最好把手中的玩具娃娃放到摇篮里，让她好好睡一觉。"或者说："孩子，再过十分钟，你就应该去上学了，所以不要再吹口哨了，现在继续完成你手头上的工作吧。"

同样的道理，如果男孩正在外面玩耍，无论是滑冰还是放风筝，母亲最好提前五分钟用铃声提醒他们"该结束了"。这样，他们会更加容易听从父母的命令。

有的时候，父母想要事先对孩子进行提醒，但是由于种种原因，父母这么做并不方便。其实，根本没有必要事事如此。根据当时所处的环境，采取恰当的方式才能最好地应用这一原则。父母可以运用一些技巧和自己在这方面良好的判断力，而生搬硬套显然是一种愚蠢的做法。母亲如果明白了这个道理，她就会知道，在情况允许时尽可能地运用这一方法才是最佳的选择。在实践中，当她了解了这种方式所蕴含的价值并正确地加以运用之后，就会发现在实际应用的时候要比她想象得更加容易。

千万不要弱化父母的权威

作为父母必须要认识到，为了让孩子顺从自己的命令，应该先给他们几分钟的准备时间，但是，这样做并不意味着父母放弃了自己的权威，也并没有降低孩子对所要服从的命令的明确程度。如果父母要求孩子在五分钟之内去做一件事，孩子就必须要在这段时间内完成。总之，孩子必须要听母亲的话。不过，给孩子一点时间去准备，就能够使他们比较容易接受命令。父母必须要小心谨慎。尽管父母应该牢牢地维护自己的权威，但仍要注意，在行使这种权威的时候，决不能显得不耐烦，或者是给孩子带来某种痛苦。同时，不要因为父母对孩子的权威而剥夺孩子们享受童年乐趣的权利。父母必须要坚持使孩子服从自己的权威，但也要尽量避免让这种权威成为制约孩子自由发展的枷锁。

在实际应用这种方法的过程中，父母要意识到，这样做是为了让孩子享受属于自己的乐趣，同时也是为孩子的自身健康着想。这绝不是无稽之谈。尽管我们还不能确定这对孩子心灵的影响有多大，但人们已经清楚地认识到，能够对人体起到鼓舞士气作用的心理刺激，都是通过大脑的物质性器官组织来传达的。在孩子小的时候，他们的脑部组织结构还没有完全发育成熟，而且正处于极度敏感、脆弱的阶段。一切能够对他们的神经系统造成突然、剧烈刺激的记忆，特别是那些掺杂着痛苦的记忆，都将对这些神经器官产生极大的刺激，严重的甚至能残忍地破坏这些稚嫩的器官。

其实，我们只要回顾一下切身经历，就能知道，一个处于正常状态下的人，如果受到一定的心理压力或是有其他的一些烦恼，他的消化器官就会受到很大的影响，进而茶饭不思；对一些经常头痛的人来说，他们经常会因为心中忧虑或迷茫而旧病复发，这些情况其实都是很常见的。当人们心中某些带有暴力或是痛苦的情绪超过了一定的界限，就会对人的神经系统造成严重的伤害，一旦对大脑敏感的神经机制造成无法修复的创伤，甚至会使人处于永久性的、难以治愈的精神失常状态。因此，对孩子的神经系统而言，我们完全有理由相信，那些突然性的惊吓、带有暴力性质的痛苦刺激、父母的暴躁脾气和喜怒无常的情绪，所有这些都会影响孩子脑部器官的正常发育。许多情况下，这会给孩子的童年生活、身心健康，以及未来的人生道路蒙上一层阴影。

父母在教育孩子时，不可能完全避免对孩子的心灵形成冲击，也不可能完全避免引起孩子的忧虑，但无论如何，我们都要尽可能地去避免。要想做到这一点，最有效的方法就是用坚定、沉稳而又柔和的态度去建立并且维持父母的权威。许多父母会产生这样一种错误观念：他们对孩子进行无节制地放任，然后通过一番说教，或是给予孩子一些“贿赂”就能建立自己的权威，但是这些小伎俩并不是真正的权威。实际上，那些娇生惯养、缺乏教育的孩子反而是最容易动怒，最容易变得急躁的一群人。

所以，如果采取强有力、统一而又公正的教育，同时辅以柔和的手段，便能让孩子最终拥有快乐的童年。这可以说是最有效的教育方法了。

总之，母亲应该尽量让孩子怀着一种轻松、乐观的心态去服从自己，并且通过柔和的手段，尽可能地不让孩子因为母亲的强制命令感到痛苦，而是在这一过程中感到乐趣与温情。不过，最重要的一点是，这些柔和的手段一定要控制在母亲的权力范围之内，一面是坚硬与果敢的方式，另一面则散发着柔和与轻松的气息。

07
培养孩子也是一门艺术

培养孩子服从自己的权威是父母的责任，这个责任并不应该由孩子承担，而是应该由父母承担。假如一位母亲能够在一开始的时候就有这样一种意识，那么必将有助于这位母亲树立自己在孩子面前的权威，而且只要她在这方面进行努力，很容易就能获得成功。

A b b o t t

现在，我们可以很清楚地看到，要想使孩子养成服从父母权威的习惯，最简单、最常用的方法就是惩罚与奖赏并用。这些方法我们已经详细地讨论过了。在使用惩罚这种管理途径的时候，父母必须要确保其柔和的性质，同时坚定地去执行，这样才能使孩子乖乖听话。而对孩子进行奖赏时，就需要父母更加小心谨慎，如果能用这种态度执行奖励，孩子会认为这种奖励是因为母亲认可了他的服从行为以后才给予的，而不会觉得父母是在“收买”他们。这些其实都是最常见而又最简单的方法，实施起来也是最容易的，并不需要父母具有多么超群的能力。只要父母能够用柔和而又坚定的手段执行，并辅以良好的常识，就可以娴熟地掌握这些方法。一旦给予孩子一定的任务，父母就必须坚定地执行下去；对孩子不听话的行为，则要给予公正而又柔和的惩罚。父母们必须认识到应在力所能及的范围内对孩子的服从给予奖赏。

培养孩子是父母的责任

但是，除了上面已经谈过的两种方法外，还有一种方法也能对孩子产生有益的影响。使用这种方法的目的，并不是要简单地代替上述两种方法，而是与前面两种方法相辅相成，相互作用。这种方法如果能够被坚定地执行，就会对孩子产生深远持久的影响。当然，这也对那些想成功执行这一方法的父母提出了更高的要求。因为这种方法的成功实行需要父母全方位的努力，只有这样，才能使孩子怀着一种愉悦而又快乐的心情由衷地服从父母的教育。

在前面我们已经说过，很多父母，确切地说是几乎全部的父母，认为孩子对父母的顺从是理所当然、天经地义的事，而且这些父母用自己的实际行为支持了这个观点。在孩子接受教育以前，这些父母并不期望孩子能够掌握阅读、写字等能力。就像他们不会期望一只没有受过训练的狗能够用嘴帮主人衔东西，一匹没有训练过的马在拉车时会明白主人给它的信号和命令一样。在前几章所讲的例子中，父母都会认识到培养与教育孩子的必要性，并且清醒地认识到，他们应该而且必须去做这件事。假如有一匹马，天生具备中等以上的禀赋，却不能很好地完成主人交给它的工作，人们马上就会把责任归咎于负责训练它的主人头上。所以，当孩子逐渐长大，身体越来越强壮的时候，母亲却因为自己无法对孩子的蛮横与捣蛋进行有效的管治而伤心。当她回想起当年，孩子的身心还刚刚处于发育的萌芽阶段，那时孩子是多么温顺、单纯啊。但是，那时自己却没有采取有效的手段树立对孩子的权威，每当忆起这些事情，母亲又怎能不捶胸顿足、懊悔万分呢?

之前我们已经阐述了很多次，例如孩子在饿的时候要吃食物，在渴的时候要饮水，厌恶伤痛，坚决守护属于自己的东西，在遇到危险的时候跑到母亲的身边等，这些事情并不需要父母的教育，孩子天生的本能反应就会让他们这么做。但是，像说话、阅读、写作、算术、不撒谎、顺从父母、原谅别人给自己造成的伤痛、勇敢面对自己幻想出来的危险、忍受生活中不可避免的痛苦等这些事情，都不是孩子的本能。但是，他们却具有趋向这些方面的潜力。当然，如果没有得到父母或他人的教育和培养，孩子的本能是不会朝着这些方向发展的。事实上，孩子能够从日常生活发生的一些事情中偶尔获得这方面的一些经验和知识。如果孩子在小时候遭受到一些挫折或伤痛，甚至是一连串的打击，都能对他们的内心产生一定的影响。但孩子所接受的这些教育或是从中得来的经验、知识都是零碎的，他需要接受更为直接和系统的教育。但令人遗憾的是，往往只是在孩子的本能反应不明显时，父母才去树立孩子必须服从的绝对权威。在其他方面，他们并没有对孩子进行系统而又适当的教育。所以，在孩子心中，总会有很多不确定、不稳定的影响，如父母的抱怨、斥责，以及在家里遇到一些紧急情况等，他们就会遭到突然的刺激或是其他方面的影响和冲击。而且，由于父母本身就对正确的教育理念认识不清，而且时常发生变化，所以导致他们没有办法也没有能力去培养和教育自己的孩子。

培养孩子服从自己的权威是父母的责任，这个责任不应该由孩子承担，而是应该由父母承担。假如一位母亲能够在一开始的时候就有这样一种意识，那么必将有助于这位母亲树立自己在孩子面前的权威，而且只要她在这方面进行努力，很容易就能获得成功。可以毫不夸张地说，这是母亲肩上最重要的一个责任。要想完成这个责任，需要母亲深思熟虑、三思而行，并且采用灵活的应对手段。

【家教实例】玛丽的教育

如果孩子听话，就给予他一定的奖赏；如果他表现叛逆，就对他施加惩罚。这是一种有效的做法，但是，除此之外，有一些母亲竟然不知道应该采取什么方法使孩子服从自己的权威。为了能够更好地介绍以下几种方法，我们有必要先在这里探讨一个很特别的例子。

玛丽是一个十七岁的女孩，她在姐姐的家里小住了几天。她很快就发现姐姐的两个孩子——阿道弗斯与露西亚完全不听母亲的话。他们的妈妈只能通过哄骗、建议、说教等方法来教育孩子。她总是说“我不会做这个”或者是“我不做那个”。其实，除了对孩子使用强制性命令以外，其他的一切手段她都尝试过了。因此，孩子们可以随心所欲地做他们想做的事。母亲对孩子的叛逆与不听话感到无可奈何，只有在孩子给她造成特别大的麻烦时，她才会斥责他们。但是，这种斥责对孩子而言，只不过是耳边风而已。

了解到这些情况之后，玛丽自言自语地说：“我要做的第一件事，就是要让孩子们听话，至少也要让他们服从我的命令。看来，我需要给他们上一堂课。”

玛丽希望阿道弗斯与露西亚两人能够一起带她去花园赏花。她说，花园里有许多美丽的花朵，如果他们能够在采集和整理花朵的时候帮忙，并且能够听从她的指引，明确地服从她的命令，她就会为他们每人做一束花。

两个孩子答应了她。于是，玛丽与他们一起走进了花园。在里面，她从一边走到另外一边，对一些孩子不会做的事情，不时地给出一些具体的指示。玛丽忙着采集花朵，并且把其中的一些花交给阿道弗斯，另一些交给露西亚，让他们好好地拿着，并交代了一些细节上的问题。例如，要把一些花朵放在一起，另一些则要从中挑拣出来。然后，她带他们走到凉亭。她要求孩子们把这些花放在长凳上就不要再碰，然后在长凳中间留出一块干净的地方。孩子们不明白这是为什么，玛丽说：“待会儿你们就会明白。无论怎样，你们都必须听从我的话。待会儿我会向你们解释原因，也许，过一会儿你们自己就会明白其中的原因了。”

就这样过了一段时间，他们已经收集了很多不同种类的花朵。玛丽在长凳中间留出的地方坐了下来，并让孩子们坐在之前摆放鲜花的地方，每人负责一些花朵。她要求他们对已经采集的鲜花进行筛选。然后，她做了两束鲜花，送给兄妹俩每人一束，并让他们自己尝试着去做花束。在制作过程中，她又给了孩子一些具体的提示。如果玛丽的目的是培养孩子的品位或是观赏能力，她完全可以让他们从一开始就选择花朵，并让他们做花束，那样也许

会更好。但是，玛丽的目的就是教育孩子要服从她，或者说是养成服从的习惯。所以，她对孩子的命令越多、越具体明确，取得的效果就越好。假如玛丽给他们的命令本身就不明确，无疑会使孩子们感到厌烦。他们会以一种闷闷不乐的、烦躁的心态去遵守玛丽的话。

花束做好之后，玛丽把自己做好的花束交给他们，连同他们自己做好的花束一起带回家。他们把这些鲜花放在客厅壁炉旁的玻璃瓶里。然后，她与他们一起走到客厅中央，静静地欣赏这些鲜花。

"你们看，这些鲜花多漂亮啊！因为在制作的过程中，你们一直都服从我，我说的每一句话，你们都严格遵守，所以我们才能做得这么出色！"

毫无疑问，玛丽培养孩子顺从的第一堂课是十分成功的。但这堂课仅仅是一个好的开始而已。如果到了第二天，玛丽就开始要求孩子遵守一些让他们感到厌烦的命令，或是让他们做出额外的牺牲，或是做一些违背他们意愿的事情，他们就会置之不理。当然，如果从没有接受过玛丽的第一堂课，他们更是会毫不犹豫地加以拒绝。可以肯定，如果玛丽能够用第一堂课里培养小孩的那种精神继续努力，不出几个星期，就能够树立对小孩的权威，让孩子服服帖帖地顺从自己的意愿。

但是，这种类型的培养能否取得最终的成功，并不在于让孩子产生对奖赏的期望，或是对惩罚的恐惧。玛丽在一开始的时候并没有承诺要给他们花束，而且一直到最后，玛丽也没说过要把花束作为对他们的奖赏这一类的话。但是，不可否认的是，孩子在这一过程中自己也能感觉到，听长辈的话对自己是有好处的。最终，他们因为自己做了正确的事情而感到满意，但这种感觉并不是因为得到奖赏而产生的。玛丽这堂课能够如此有效，是因为她运用了与以往不同的方法。

玛丽知道，服从长辈的意识在孩子的心里是极为淡薄的，因此他们不可能经受得住比较严峻的考验。所以，她要想方设法地让孩子们受到最小的压力。虽然她让他们做了很多不同的事，但每件事却都很容易办到，与此同时，她还给了他们一些并不需要违背他们自己的意愿就能遵守的禁令。更令人称奇的一招是，她把孩子服从自己的权威，与让孩子感到乐趣和成就感联系在了一起。因为她知道，孩子们一定会对采集花朵、制作花束的过程感兴趣。到了最后，她又毫不吝啬地表扬了孩子们。

在现实生活中，我们可以发现许多像玛丽这样的人，对于某件事情，他们虽然不会像上面所说的那样，事前就在心里进行很详细地分析与研究，也不会用语言把其中的道理表述出来，但他们却牢牢地掌握了这一方法的精髓与核心。他们本能地认为，只要运用这种方法，最终就能达到自己的目的。当看到有些人能够轻而易举地将性格各异的孩子置于他们的权威之下时，一定会有不少人情不自禁地发出惊叹。他们认为这其中充满了神秘色彩，并坚定地认为这些人“在这方面有诀窍”。事实上，根本没有什么神秘可言，也没有半点不可思议的地方。他们所拥有的只是一般人应该具备的常识和缜密的思考，以及对孩子不同年龄阶段的不同特点的深入了解，仅此而已。要想获得这些能力，对人们来说并不是多么遥远的事情。

玛丽的看法是，在孩子的内心，服从的原则并没有完全消失。虽然这种原则并非完全源自天性，但他们对此的印象却在很小的时候就形成了。孩子们认为自己有责任与义务去服从长辈的权威，但是这种倾向在他们身上出现的概率其实是很低的。尤其是在阿道弗斯和露西亚的心中，这种意识可以说是极其薄弱的，就好比一株已经奄奄一息的植物，需要人们细心、周到的照顾才不至于枯死，并由此渐渐恢复正常的健康、活力。玛丽对姐姐的两个孩子就采取了与之类似的教育方法，也就是让孩子心中已经变得脆弱而又不堪考验的原则得到温和的训练。玛丽没有让他们受到任何过于严峻的考验，而是有步骤地让他们养成这一习惯。在这一思想的指导下，对孩子进行耐心、坚持不懈的培养，过一段时间以后就一定能够取得理想的结果。而且，每位父母都可以通过自身的实践来验证这一结果。

在这里，我们不可能对各种教育方法依次进行详细说明。即使是玛丽这样的教育者，要想让孩子服从自己，也必须根据实际情况的变化随时进行调整，以适应孩子们在不同阶段所具有的不同特点。对许多急于想要采用这种方法的父母来说，我们必须提醒他们注意以下三点。

给父母的三条指南

1. 不要妄想自己的孩子能自觉地变得听话、乖巧

父母应该记住，在孩子不听话时，不要对他们进行报复性的责备或是惩罚。恰恰相反，父母应该明白，要想使孩子变得听话、顺从，就需要他们运用自己的聪明才智，坚持不懈地执行细心、柔和的培养方法。

2. 如果孩子已经习惯于反抗父母的命令，就不要妄想孩子能够一下子变得听话、服从

急于求成的父母，会寄希望于那些一次性的、突然而又剧烈的手段，或许是一连串的叱责与威胁，或许是对孩子宣称从今以后要改变那种无效的教育方式。父母希望借此表明自己“改过自新”的决心，从而使孩子的行为出现令人满意的转变。但是，父母试图改变孩子错误倾向的这些手段，就好像用锤子不停地击打一棵正处于生长期的大树一样，怎么可能让它弯曲的树干变直呢？

3. 相反，在开始执行这一方法时，事先不要告诉孩子你将要采取什么行动，也不要一味地揪着孩子以往的错误不放

作为父母，应该清楚地认识到，孩子在生活中所表现出来的不良倾向，很可能是继承了父母基因的结果。毋庸置疑，无论孩子的行为存在什么样的错误或是不正确的习惯，都是因为父母教育的问题导致的。所以，父母一定要小心谨慎、轻柔缓慢地采取行动，一旦执行，就要确保坚定性、持久性。只有这样，才能使弯曲的树干逐渐回到正常的位置，然后继续生长。这样做并不需要父母具备多高的才智和技巧。因此，只要父母们认真、忠实地执行，就一定能够达到这个目的。

08

教孩子听话的第三种方法：了解孩子

如果孩子身上所具有的某个优点得到了长辈的称赞，从此以后，他们就会更加乐意并且手脚麻利地去做长辈要求他做的事，因为他们希望自己能够继续保持这些优点。但是，他们却不愿意从因犯错而遭受的耻辱中解脱出来。

A b b o t t

对于我所阐述的方法——如何培养孩子服从父母权威的方法，为了能够让广大的父母有一个更为清楚的认识，我要列举出几种具体的方法。在这之前，我们谈到有关奖赏与惩罚的方法时，已经阐述了一些具体而又明确的规则。所以本章所讲的这些方法，与父母对孩子进行奖赏或是惩罚毫无关联。而这些方法的使用，必须要依靠父母所拥有的技巧、创造性以及聪明才智。同时他们还必须具有一种洞察力，去发现那些没有能力教育好孩子的父母所犯的错误，这样才更容易取得成功。我们所能做的，也只能是给予父母一些建议或是忠告。下面就是这几个具体办法的要点。

认清什么才是正确的

对父母来说，要使孩子逐渐养成服从的习惯，一个极为有效的方法就是，父母需要了解孩子的正确行为，并且要明白地告诉他，你已经知道了这一点。当孩子们坐在地毯上玩耍的时候，妈妈不时地叫其中的一个孩子来到她的身旁——假设这个孩子叫玛丽。玛丽应该马上来到母亲跟前，因为她对这些情形已经习惯了。实际情况是，如果玛丽能够顺从母亲，她就会立即停止玩耍，直接来到母亲跟前，毫无抱怨。而母亲则可能觉得玛丽这样做是很自然的事情。只有当玛丽听到命令之后，没有立即停止玩耍并来到母亲跟前时，她才会意识到，孩子对自己的服从并不是理所当然的。可能当时玛丽已经过分沉溺于游戏中，没有及时来到妈妈身边。妈妈此时会说："玛丽啊，我叫你的时候，你应该马上过来才是啊。你不能让我等你啊。"但实际情况是，玛丽以前每次都能马上来到母亲的身旁，母亲对此却没有给她一句赞美之词。

受到母亲的数落之后，玛丽心里也感觉很不高兴。当她重新回去做游戏时，可能就会变得闷闷不乐。

现在，在母亲的这种教育之下，她可能还是会对母亲的命令马上服从。但是，她已经没有心思对此进行改进，母亲再叫她时，她会逐渐变得很不情愿，动作迟缓。

但是，当玛丽迅速来到母亲身旁，完成母亲交代给自己的差事，正准备回去玩耍时，如果母亲能够对玛丽说："我刚才叫你的时候，你就马上停止玩耍，赶到我这里来。你做得很对。我对此感到十分高兴。在听到命令之后，尽管你当时正在玩耍，你仍然能够动作迅速地来到我的跟前。我想以后可以完全信任你了。"听了母亲的赞扬之后，玛丽会带着愉悦的心情重新投入玩耍中。这件事可以让玛丽在日后每次听到母亲的命令都会更愿意去执行。

我们还可以用另外一个例子来说明。

当约翰与妈妈穿越田野间的一条小路时，他看到了一只漂亮的蝴蝶，于是约翰开始追逐它。他逐渐远离了那条田间小路，而且跑到了一个母亲认为可能会存在危险的地方，因为那里遍布着碎石。于是母亲命令约翰马上回到她的身边。通常情况下，如果约翰不听话，就会被母亲责骂；如果他马上就回来，母亲却一言不发。在这两种情况下，母亲的行为都不能对约翰的心灵产生什么重要影响。

但是，如果母亲能够这样说："约翰，当我叫你的时候，你马上就回来了。当时你正在追逐蝴蝶，而且差不多就要成功了，我却叫你马上停止，回到妈妈的身边，这一定会让你感到十分难过。但是，你还是照做了。你真让我感到开心啊！”母亲这种处理方法可能让约翰在下次遇到类似的情况时，心甘情愿地服从母亲的命令，回到她的身边。

褒扬正确，但决不能忽视错误

当然，要想对孩子表示关注，对他们所做的正确的事情表示赞赏，父母可以通过千变万化的形式进行。但是，在这个时候，有一点是需要父母警惕的：在对孩子表示关注及对他们所做的正确事情进行赞扬时，决不能对孩子所犯的过错置若罔闻。这样做是对这一做法的严重曲解。而事实上，还有一个更令人担忧的问题。这个问题是真实存在的，并且值得父母严肃对待，那就是应该努力避免对孩子进行过多的、不恰当的赞扬，防止他自大。为了获得积极的结果，消除这种办法带来的消极影响——我们在上面也已经谈过，需要父母具有灵活的技巧与创新能力。只要父母具备了一定的技巧和细心，每当孩子做了正确的事，需要给他足够的关注和表扬时，即使只是一个简简单单的关注的眼神也能起到相应的效果。相对于孩子犯错以后使自己产生的不满，父母应该更加关注孩子们做对的一面，并且迅速及时地赞扬他。这才是培养孩子的正确途径。

如果孩子身上所具有的某个优点得到了长辈的称赞，从此以后，他们就会更加乐意并且手脚麻利地去做长辈要求他做的事，因为他们希望自己能够继续保持这些优点。但是，他们却不愿意从因犯错而遭受的耻辱中解脱出来。换句话说，相对于让他们远离犯错来说，引诱他们做对的事要容易得多。

让孩子学会对自己负责

对孩子来说，父母以直接的方式所给予的“忠告”最令他们反感。显然，这些忠告对孩子的影响是微乎其微的。在很多情况下，孩子产生这样的反应是有充足的理由的，因为父母给孩子的忠告几乎全是一些概括性的话语，而且这种话都带有一定的抽象性。这些话对孩子来说，都是难以理解的。他们的解析综合性及抽象性话语的意识和能力还没有完全形成。可能这些忠告对孩子来说只是日常生活中的一些具体、实用的建议和命令，但是，它们却会让孩子觉得很厌烦，孩子会理所当然地认为这是父母纠正他们所犯错误的另一种方式。而事实上，我们必须承认的是，对孩子进行的所谓“忠告”都带有帮孩子纠错的“嫌疑”。因为，这些忠告几乎都是父母通过最近一段时间的观察，看到孩子的错误、缺点与不足之处，然后总结出来的。我们对孩子的行为举止给予一般性的忠告时，需要遵守下面这个原则：一定要使自己的忠告变得具体，而且在日常生活中具有实际的可操作性，与此同时，不要总是指责孩子以前所犯的过错，这样只会分散孩子对父母当前所给忠告的注意力。当然，如果我们能够对孩子的日后生活提出既实际又积极的建议，效果会更明显。在给予孩子这一类型的忠告时，父母可以采用很多不同的形式。所以要想取得理想的效果，就离不开父母的技巧和创新的能力。但是，很多父母还是想用一些柔和的方法，使孩子产生“要对自己负责”的观点。只要父母能够这么想，就一定能轻松地发现这些技巧，并且掌握使用这些技巧的诀窍。

【家教实例 I 】詹姆斯与他的弟弟妹妹

暑假期间，詹姆斯到叔叔家小住。叔叔有两个孩子，分别是八岁的沃尔特和六岁的安。詹姆斯被带到他们的房间看了一下，发现他们的房间乱得一塌糊涂。在书架上，各种书籍四处乱放；在另外一个地方有一个箱子，里面装着玩具，那些玩具很多都已经破损，而且杂乱无章地堆在了箱子里。房间里还有两张桌子，一张靠在墙边，另一张在房间中央，两张桌子上面都放满了垃圾。看到这种情况，如果詹姆斯一开口就因为孩子们房间的邋遢对他们进行说教，比如说他们应该承担何种责任，应该把自己的房间整理好之类的话。这样做可能只会产生一种结果：两个孩子以后再也不会让詹姆斯进入他们的房间了。

但是，聪明的詹姆斯却巧妙地运用了另外一种方法。他在孩子的房间转了几分钟，仔细看了他们俩收藏的一些宝贝，并对他们的宝贝大加赞赏，而且没有表现出半点的不满之色。然后，他在房间的火炉旁坐了下来，让他们俩坐在自己的腿上，开始与他们说话。安手中拿着一本画册，其中一些书页已经脱落了，一些书页还有折角。詹姆斯说："现在，沃尔特，我将给你一些建议，关于你以后上大学的时候应该怎样做。过不了多久，你就会长大，成为一个年轻人，还要进入大学学习。"一想到要上大学，沃尔特的想象之门一下子便敞开了，心中也感到无比愉悦——这让沃尔特的心一下子进入了一种"接纳状态"，是一种心甘情愿的接受状态。在这种状态下，詹姆斯开始向他们提一些建议。

詹姆斯描绘了一幅沃尔特离开家去上大学时的欢乐情景。他在讲述的过程中对许多细节都进行了形象逼真的描述。这样，沃尔特的想象不断得到愉悦的刺激。最后，他讲到了沃尔特在大学期间所居住的房间以及他在房间中的摆设。然后，詹姆斯告诉他们，不同的学生都是如何整理并收拾他们各自的房间的。

他们中的一些人摆放东西很不整齐，一切都显得杂乱无章。所以，他们在大学里住的房间让人感受不到一丝乐趣，更没有家的感觉。但是，另外一些人却总是把他们的房间打理得井井有条，所有的东西都摆放得十分整齐，并且能够长期保持。这样，每个人进入他们的房间以后，都马上有一种耳目一新的感觉。

“书架上的书本摆放得那么整齐有序，规格差不多的书都被摆在了一起。安，你现在走到你的书架前，把中间那个书架上的书摆一下，给沃尔特做一个示范。”詹姆斯说。

安从詹姆斯的腿上跳下来，按照他的指示摆放好了书本。当她整理完第一个书架，正准备去整理另外一个书架时，詹姆斯告诉她不需要再去整理另外一个。“如果你乐意，可以在其他时间再去整理。现在回到我这里来。听我把建议讲完。”他接着说，“我建议你要保持书架的整齐有序。同样，你也要把其他一些东西以及柜子里的东西整理好。因为，当你上大学以后，你可能要写哲学方面的论文，或是在柜子里收藏许多标本，而不再是玩具。所以，如果你有那些东西，我建议你把他们摆放在很好的位置。”

讲到这里，詹姆斯把椅子挪了一下，这样他的弟弟妹妹就能够直接看到柜子里的玩具。沃尔特从他哥哥的大腿上下来，跑到了房间的另外一边，急急忙忙地收拾那些玩具。

詹姆斯说：“是的，这样做就对了。当你上大学的时候，你就会知道如何整理好你的学习用品和你的柜子。你可以在房间把玩具放好，不过现在你还小，随心所欲地摆放也没有关系。现在还是回到我这里来吧，听我把这个建议说完。”

于是，沃尔特回到他的身旁，重新坐在詹姆斯的大腿上。

詹姆斯接着说：“当你上大学的时候，我建议你好好地保存你的书本。当你使用它的时候，看见你的书本干净、整洁，自然就会感到心情舒畅。还有，你可以把你在大学用的书本留下来。这样，当你离开大学的时候，你就可以长期保存这些书本，因为它们是你大学生活的见证。如果你能够有序地整理这些书本，它们就会在你以后的生活中占据相对重要的位置。”

听到这里，安打开了她手上的那本书，开始把一些折页的折角展开并压平。

总之，在孩子的想象之中，通过简单的时空变换，詹姆斯给孩子们的建议便具有了实际的可操作性。孩子们完全不会有詹姆斯其实是针对他们的行为而采取一些措施对他们进行纠错的感觉。这不仅容易得到孩子们的认可，而且也会获得他们内心真诚的欢迎。

只要人们仔细阅读并清楚明白这里所要阐述的原理，就会有足够的能力去利用这些原理。父母们将会发现，这种纠错措施的形式可以是千变万化的。这可以使孩子认同长辈给他们的建议与教诲。但是，如果大人们用直白、直接的方式来对孩子进行纠错，那么只能是一无所获。

然而，有些父母看到这里，会在没有经过深刻思考、没有真正领悟上面的例子所表达的原理的情况下——单纯地将上述例子作为一个行动范例，时时处处都照搬这个方法。不过即便如此，在不同的场合下灵活地运用这个方法也会产生不错的效果。这些父母可能会说："嗯，那的确是个好方法。当詹姆斯去他们家时，他所讲的话孩子们听得津津有味。但是，我们不能奢望这样的一场对话就能使孩子产生持久或是永久性的印象。这更可能只对孩子养成这种遵守秩序的习惯产生一些有益的影响。"

这种说法确实有其合理之处，我们努力地想在孩子的脑海中形成一种"线与线，面与面"的思维方式。我们也知道，詹姆斯所说的一席话，充其量不过是其中的一条线而已。单凭这一条线是不可能达到目标的，但这的确是有益的尝试。我们不能奢望詹姆斯对孩子说完这番话、上完这堂课以后，就能够使父母一劳永逸。这样的想法是很不现实的，正如一滴水不可能使植物完成整个生长过程，还结出艳丽的花朵和沉甸甸的果实一样。

但是，在日常生活中，父母还是可以尝试着把自己对孩子的建议和教诲通过一些幻想性的包装来进行。比如要去旅行，父母可以建议孩子应该怎样做，不应该怎样做；或者要去农村朋友的家里做客，父母可以告诉孩子应该怎样做，不应该怎样做。那么，假设孩子受雇于一位农民，帮助他干农活儿的时候，假设孩子成为一位职员、掌舵的船长或是战场上的指挥官的时候，父母又会给孩子什么建议呢？再如，假设有一个女孩，当她要去欧洲旅行的时候，她应该怎样避免危险以及那些不受欢迎的举动呢？再假设一位年轻女士在野餐、远行，或是在参加音乐会、派对的时候……这些情形还有很多，而且孩子们想象起来会觉得十分有趣。只要母亲拥有足够的能力与技巧，她就可以把这些建议一一列举出来，最后，生动地描绘一些有趣的事件与细节。这样，母亲就会发现自己已经打开了为孩子的心灵修筑健全道德原则的大门。这种方法对她与孩子来说都是很有益的。当孩子生病的时候，我们可以不去理会孩子吃的药是苦是甜，但是对孩子进行道德教育的时候却不是如此。有时候，我们对孩子的道德错误进行纠正时能否取得成效，就在于孩子是否愿意敞开心扉去接受它。如果我们对孩子使用的纠错方式令他们反感，结果只会抵消之前所取得的成果。而这正是我们在本章的阐述中所要竭力避免的一点。

【家教实例Ⅱ】德拉与玩具娃娃的故事

对孩子拥有暂时教育权利的人很有可能也会读到这本书，他们对孩子没有绝对的权威，同时也没有任何权利让孩子遵守自己的命令。但正如前面我们所讲的大哥哥、大姐姐那样，对他们来说，让孩子养成顺从自己的习惯，或是对他们产生积极的影响，采用间接的教育手段就会特别有效。下面我们要用德拉的例子，向大家讲述如何利用孩子喜欢的玩具娃娃来作为媒介进行教育，有些人可能会对这种手段感兴趣。

德拉有个小妹妹名叫马利亚，马利亚有个表妹名叫简妮。简妮常常到马利亚家里去，当她们俩在一起时，常常会与手中的娃娃玩上大半天。除了不停地给它们穿衣服、脱衣服之外，有时在远足和去别人家里的时候，都要带着这些娃娃。她们还会跟这些玩具娃娃谈论很多事情。有时，她们甚至会像

个大人似的，给予玩具娃娃很多有价值的信息和教育。

现在，德拉正想方设法地通过这些娃娃来获得对孩子心灵的影响和控制。在这个时候，她马上想到了孩子对待娃娃的态度，就如同对真人的态度一样。有时，在其他的孩子面前，她们经常会用一种很认真的态度跟娃娃谈话。她们这样做，不仅让自己感到高兴，而且还为德拉提供了一个机会，她可以利用这些娃娃作为媒介，向孩子灌输许多有价值的信息。这样，在潜移默化之中，德拉就能够对孩子产生积极持久的影响。

例如，当简妮去马利亚家里时，两个孩子就会跑到马利亚的房间去玩。她们手里拿着娃娃，用与真人说话的态度跟娃娃说话。她们会把它们慢慢地放在膝盖上，然后用整个下午的时间对娃娃进行观察，最后，她们会对娃娃的表现发表意见。如果德拉尝试着用同样的手段有计划地对她们训话，她们很可能马上就会变得烦躁与不满，而且收效甚微。但如果换成是对娃娃训话，她们就会充满兴趣、津津有味地听下去。毫无疑问，这样的方式相较于之前那种直白的方式，会收到更明显的效果。为了说明这次谈话的内容，我在这里详细地讲一下。

德拉说："我的孩子，你好吗？我很高兴见到你，你是多么的漂亮啊。安德拉（安德拉是简妮的娃娃的名字），你来到了罗莎莉（罗莎莉是马利亚的娃娃的名字）这里，你玩得很开心。我肯定你们俩从来都不会吵架的。我看到，当你俩都想要同一件东西的时候，不会发生争吵，而是会为另一方忍让。等到别人用完了，自己才去用。我觉得你是一位很乖的女孩子，难得的是，你的年龄又是最小的。"

然后，她转向简妮。她换了一种语调问："简妮，她是不是一个很乖的女孩子？"

"是的，她是一个很乖的女孩子。但是，她最近生病了。"

"啊！"德拉的语气充满了担忧，她再次望着安德拉，"我听说你病了。

你是被‘鬼怪之光’袭击了。你的脸色很不好，你一定要好好保重自己啊。如果你感觉不好，你就必须让你的妈妈带你来找我。我会给你一些药水喝。我知道当你生病的时候，你总会像一个小英雄那样勇敢地服药，而不会给我们增添什么麻烦。”

德拉把一个小药瓶放在桌上，假装要为娃娃喂药。马利亚与简妮在娃娃生病的时候，非常乐意让德拉给它们治病，特别是德拉每次都要求她们先尝一小勺，以给娃娃们做一个榜样。

有时，德拉会让孩子们把小药瓶带来，这样可以防止娃娃突然生病。但在有些时候，娃娃的病情“恶化”。作为“母亲”，就必须不断地“试药”，来鼓励自己生病的孩子“服药”。这个小药瓶里的药很快就被“服用光了”。德拉便常常在药瓶中装满水，然后再用汤勺从糖碗里把一些糖精粉末倒入瓶子，最后只需摇匀一下，这“药”就准备好了。

德拉不仅利用娃娃作为教育的直接手段，有时还将其作为教诲小孩子的间接方式。

例如，某一天，孩子们在阳台上玩积木和其他玩具，尽兴以后，她们就回到房间里去了，而把一堆玩具丢在阳台上，全然忘记把玩具收好。她们又开始在客厅里玩她们的娃娃了。

德拉来到客厅，装出一副神秘兮兮的样子，走到孩子旁边，低下头轻轻地对她们说：“让安德拉与罗莎莉待在这里吧。我想让你们跟我来。这是一个秘密。我不想让它们知道。”

讲完之后，德拉蹑手蹑脚地走出客厅，两个孩子紧跟着走了出来，一直来到了阳台。

“就是这里！”德拉指着那些玩具。“看！你们的玩具都还留在这里呢。在安德拉与罗莎莉看到它们之前，你们快点把这些玩具收拾好。我不想让它们知道，自己的妈妈没有好好照顾这些玩具。如果它们知道了这件事，它们就会认为自己也可以这样做。到那时，你们就会遇到许多麻烦了。我相信，你们一定告诉过它们，每次玩过之后，一定要把玩具收好。你们必须要为它们做一个好榜样。所以，快点把这些玩具收好。我保证不会跟它们讲这件事。”

这样，孩子们手脚利索地把这些玩具收好了。我们可以看到，用这样的方法处理这件事是很有效的。因为，这种方法能够避免在对孩子进行直接斥责与说教的时候使孩子感到不悦。

平时，我们对孩子的指责会让他们感到闷闷不乐。但是，这种方法却不会让他们感到丝毫的不开心，反而会使他们觉得很有趣、很快乐。如果你能够用这样的方法使每个孩子都怀着一种快乐的心情去改正自己的错误，对父母和孩子来说，这无疑都是福音。

在适当的时候，父母以相同的理念来实施这种教育方法，就能像德拉一样成功树立对孩子的权威。同时，孩子也会很乐意听从父母的话。反之，如果一味地去直接纠正孩子的错误，或是将父母对孩子应有的认同感完全忽略掉，那么这两种做法与前面的做法相比较，简直差了十万八千里。

09

情感共鸣产生的认同感：孩子之于父母

孩子所习得的大部分错误、愚蠢的观点，并不是因为错误的说教形成的，而是源自对他所爱的人产生了认同感而形成的。而在大多数情况下，其基本的补救方法并不是通过说教，而是让孩子产生另一种积极与之共鸣并接受、认同的情感来抵消这些坏的影响。

A b b o t t

对于父母与孩子两者之间的情感共鸣，我们可以从两个方面来看：一方面，是孩子对父母给予自己的情感产生共鸣和认同感；另一方面，则是父母对孩子对自己的情感产生共鸣并表示理解。一方面，是孩子在父母的身旁受到他们言传身教的影响所唤起的一种情感；另一方面则是因为孩子的存在所唤起的父母的一种情感。大多数人都能从字面上了解共鸣这种情感的巨大影响力，但是，很少有人能够确切地知道这种力量到底有多大，以及这些力量是如何不知不觉地对人类性格与举止规范产生影响的。

情感共鸣的力量

无论在本质上，还是在表现方式上，情感上的共鸣都充满了一种神秘的色彩。比如说凝视是一种最简单却又最具震撼力的方式。为什么我们凝视某人，甚至只要闪过这个念头，就会使另外一个人的神经系统以及肌肉组织产生相同的行为趋势？而当我们尝试通过眼睛、大脑及思想去追寻这一相互联系的链条时，却会变得茫然无措？

很明显，人们的心理因素会受到一种相同或类似的方式的影响。当我们与那些有趣、快乐或是忧伤的人在一起的时候，会让我们感到有趣、快乐或是忧伤，至少会有这样一种趋势——尽管我们还不清楚为什么会产生这样一种情感。一个快乐、活泼的人可以让他所进入的那个小空间顿时变得生机盎然；一个闷闷不乐、忧郁的人则会让大家产生一种同样消极的情绪反应。无论走到哪里，具有雄辩之才的人与我们进行私人谈话时，并不会怎样打动我们；但在大庭广众、人头攒动的地方，我们的热情将会被提升到一个很高的状态——尽管他的演讲词、手势或是声调以及我们耳朵所能听到的东西和与我们进行私人交谈时基本一致。就像当我们在自家的火炉旁读到一个笑话的时候，可能只是一笑置之。而当我们在人数众多的剧院里听到它时，却能引起共鸣，因为这种欢乐被多数人共享了。

这种还不为我们所熟知的情感，确实发挥了作用。因为一个人的情感不仅可以传达给另外一个人，而且在这种传达的过程中会得到增加与强化。双方都不会觉得对方所能感觉到的只是单纯的热情或愉悦。但在许多人共享的情况下，这种共同的情感被大大地提升了。这就好比燃烧的炭在与未燃烧的炭接触时，可以让未燃烧的炭燃烧起来，当把它们放在一起时，往往比在分开时燃烧得更为猛烈。

可以证实情感共鸣具有强大力量的事例有很多，无论从深度还是从广度上，在对性格的形成、人类对自身观点的认识或是对于规范人类正常的思想与情感的影响上，不管我们怎么夸大情感共鸣的作用，都不为过。

人类观念的形成，并不像许多人所想象的那样，大多数情况下是靠人们相互之间的争论或说教形成的。恰恰相反，这种观念是从与他们喜欢的人以及爱他们的人的情感共鸣中产生的。当人们到了成熟的年龄，无论是在宗教上还是政治上，都会坚守一种忠诚。这种忠诚源于对他们所爱的人产生的一种认同感。人们之所以会相信一套体系或是制度，并不是因为它已经得到了事实证明，而是由于他们所爱的人都相信它。诚然，在他们年轻的时候，时常会对宗教教育产生疑问，偶尔他们还会在有关的政治议题上进行针锋相对的争论。但千万不要错误地认为，这里所谈到的争论会在他们的脑海中形成属于自己的一套合乎逻辑的观念。这种争论从某种角度来说，是没有任何实际意义的。在英国，一个男孩长大之后属于托利党还是辉格党，几乎完全取决于他的父亲、哥哥、叔叔属于哪个党派。他自己也可能对大人们的想法产生怀疑。但是，能够让他死心塌地地追随某一个政党的原因，并不是大人们所给出的论据，也不是大人们有其他的手段让男孩子们信服，而是他们在与大人的情感共鸣中产生了一种认同感。如果一个受人欢迎的男孩，在同伴中同样受到拥戴。那么他属于哪个党派，比起那些最具逻辑性或是综合性的说教来，更能使其他孩子产生追随那个政党的意愿。

有一句很有名的谚语：身教胜于言传。这从另一个角度表现了由情感共鸣导致的认同感所拥有的巨大的力量。因此，在观察者眼中，当别人出于情感共鸣产生认同感而对他们所爱之人模仿时，这种感情的影响就会彰显出来。所以，身教胜于言传这句话更清楚地表明了一个道理：在人类的心灵中，通过情感共鸣使他人产生认同感比说教产生的影响要大得多。

从情感共鸣中产生的认同感在儿童时期的作用

在人生的每个阶段，情感共鸣都具有重要影响，不过其真正的巅峰时期却在儿童时期。儿童会自发地让他们的思想和情感与他爱的那些人保持一致。因此，他们会不断地重复这些人的行为。这一情感的作用及其普遍性说明了其蕴含的力量是多么的持久与巨大。所以，一位成功的母亲应该在孩子性格形成阶段给予其帮助，使孩子懂得要尊重与热爱母亲，然后，母亲只要让孩子模仿她的言行就足够了。

要想让孩子尊敬父母，对父母充满爱意，他们就必须通过坚定的教育来实现这一目的。同时，在一些无伤大雅的范围之内，不要给孩子设置过多的限制。

【家教实例】学会关爱

由情感共鸣产生的认同感除了能够对孩子的心智发展产生重要作用之外，在很多场合中，只要父母明白这一情感所蕴含的巨大的、神奇的力量，便可以利用这一方法取得一些特别的效果。我们举一两个例子就可以阐明这一点。

威廉今年九岁。他的阿姨——马利亚，来到他们所在的村庄看望他的妈妈。一天，威廉与阿姨一起散步。当他们在路上走的时候，看见前面不远处有两个小男孩在路边放风筝，其中一个男孩站在路的中间，正为自己无法理清那缠绕在一起的线而苦恼不已。

“快把你的风筝拿开，让我们过去。”当威廉与阿姨走到这个孩子旁边时，他大声嚷道。

那个男孩让开了路，但他放风筝的线却缠在了一棵大树的枝丫上。

威廉与马利亚继续向前走。

马利亚可以借此机会对威廉进行柔和而又友好的教育。她可以对威廉说，对待那些身处困境、麻烦以及疑惑的人，不管他们是老是幼，都应该表示自己的关切和友爱之情。向别人施与援助之手会让自己觉得更加快乐。而威廉是否能听阿姨的话，在很大程度上要取决于他当时的心情了。但在大多数情况下，在这个时候给予的建议，实质上都包含着对孩子的轻微指责。这会让孩子的内心有所抗拒，就像一株含羞草一样，你轻轻一碰，它就会马上缩回去。威廉可能会淡淡地说：“但是，他们在路上也只是无所事事而已。”

事实上马利亚是这样做的。

威廉与他的阿姨走了几步之后，阿姨停下了脚步，略带犹豫地说："你还是回去帮那个男孩理清他的线吧。他只是一个小孩而已，而且并不像你那样对风筝和风筝线有足够的了解。"

在这里，马利亚采用了一种赞美而不是责备的语气，来让威廉帮助那个遇到困难和烦恼的男孩。

"好的，让我们去吧。"威廉爽快地说。

在走了几步之后，马利亚说："我想，我想你并不需要我帮你，你自己就可以帮助那个小孩。我在这里等你回来。但是，如果你需要的话，我会过去帮你的。"

"好的，我自己一个人就行了。"

于是，威廉脚步轻快地走到那个男孩身边，很快就帮他将那些缠绕的线理顺了，然后他喜洋洋地回到阿姨身边，继续前行。

散步结束之后，走到家门口时，马利亚才又提起这件事。她说："跟你一起散步很愉快。你十分照顾我。我很高兴你能够帮助那个男孩理清他的线。"

"我也是。"威廉说。

在上面的例子中，威廉粗声粗气地跟那个男孩讲话是不对的。至少他缺乏那种看到别人面临困难时应有的同情心，这也是不对的。而且，马利亚的这种教育方法实际上掩盖了威廉所犯的错误。正确的做法是应该毫不含糊地对威廉讲清楚这一点。以上所说的这些观点，是很多人看完上面那个故事之后所产生的想法。但是，当我们站在威廉自身的角度时就会发现，他在整件事情上并没有做错什么。这一类的事情其实是很复杂的，对于这件事所带来的影响及其相互之间的联系，站在不同的角度，每个人都会有不同的看法。

即便是成年人，也不见得能看清楚事情的全貌。而对于小孩子，我们就更不能苛求他了。在我们审视孩子对自己行为的判断上，要考虑到孩子本人在心里对此产生的看法。

在这个例子里，威廉脑子里想到的只是他的阿姨，他想让阿姨在散步的过程中更快乐。而当时路上那个理线的男孩就成了他们前进的"障碍"，他要求那个男孩走开，只是为了表达对阿姨的关心而已。自己不友好的态度会让别人感到厌烦，而给予别人帮助则会减少别人的痛苦，对于这一理念威廉还没有足够的感知能力，在他的脑海中甚至完全不存在这样的概念。用一种"后知后觉"的心态来看，我们说他应该想到了这一点。但是，别忘了，对一个幼小的心灵来说，他的发育程度仍不完善，在处理一件事情的时候，采取不同的措施会产生不同的结果，他还没有形成这种即时的认知能力。只有经历了长期的社会生活，我们才会懂得如何去考虑一件事情的方方面面，才能认识到：即使是相同的行为，如果执行的方向不同，产生的后果就会完全不一样。孩子的心智还没有完全发育成熟，无法对事情的后果有自发性的认识，但我们却常常因此而责怪他们，这样做是有失公允的。因此，有很多人把这种行为称作对孩子的一种漫不经心的放纵，而这可怜的小家伙却要因此常常受到大人们的责怪。

比如一个小女孩拿着水罐去帮姐姐浇花。她一心想着要把这个工作做好。于是，她把水罐装得满满的，走路时不小心把桌上的一些书本弄湿了。其实，对这一结果的解释很简单：小女孩的心里只想着如何帮姐姐浇花，而没有想到装满水的水罐有可能会溅出水来。她幼小的心灵还不足以让她做这样周密的思考。我们若要求她在做事情时一定要想到事情的两个方面，这就好比我们要让她在短时间内长大一样，这听起来是相当滑稽的。

孩子为什么会恐惧

对孩子来说，在接纳别人的观点或情感的时候，由情感共鸣产生的认同感能够产生巨大的作用。这不仅体现在教育他们分辨是非的原则上，而且还体现在一些普通的观点和情感中。孩子会对打雷、晚上破门而入的偷窃者或是鬼怪产生恐惧心理，这是因为他们认为自己的父母、哥哥或是姐姐同样会感到害怕。孩子常常从家里的用人或是从其他朋友的口中知道鬼怪是一种令人恐惧的事物，但是当父母并不相信这些鬼怪时，他们也就不会害怕这些了。他们看到父母的价值取向以后，就会有样学样。孩子在和学校的同学交往的过程中，会逐渐形成属于自己的品位、观念及思维方式，这些都不是通过争论或是说教获得的，而是源自一种由情感共鸣产生的认同感。同样，孩子所习得的大部分错误、愚蠢的观点，也并不是因为错误的说教而形成的，而是由于对他所爱的人产生了认同感而形成的，这就好像是一种会传染的疾病。而在大多数情况下，基本的补救方法并不是通过说教，而是让孩子产生另一种积极与之共鸣并接受、认同的情感来抵消这些坏的影响。我们下面用一个例子来说明。

简妮对哥哥带回家的一只小猫咪感到非常害怕。以前，她看到过一张图片，在图片上画有老虎及其他森林肉食动物吞噬人类的场景。对此，她感到深深的恐惧。可能在同时，她还听说有的孩子被猫咪抓伤了。所以，当小猫咪被带回家，在地板上走来走去时，简妮的内心充满了恐惧，她急忙跑到姐姐身旁，大哭了起来。

此时，如果简妮的姐姐尝试着向她解释小猫咪与森林里其他野生动物的区别；或是保证世界上有成千上万的小孩子都喜欢跟小猫咪一起玩耍，只要人类对它们友好的话，它们就绝不会抓伤人类。姐姐这样的说辞，是不会使简妮的恐惧心理发生太大转变的。

在这个时候，简妮的姐姐采取了不同的方法。她把简妮抱在怀里，在她的情绪稳定下来以后，便开始与小猫咪说话。

“让人怜爱的小猫咪。我很高兴你能来到我们这里。我相信，如果人们好好地对你，你是不会抓伤任何人的，对吗？简妮会给你喂一些牛奶。她和我一样都喜欢看你用小舌头舔牛奶的情景。过几天，我们将给你一个球，你可以在地毯上好好玩耍。简妮，看到了没有？它现在正躺在地毯上呢。它对于自己能够来到这么好的房子里而感到开心。现在，它没有枕头，所以只能在睡觉的时候把头垂下来。你想要给它做一个枕头吗？小猫咪，过几天，简妮就会给你做一个小枕头。如果你喜欢，她一定会做的。简妮现在正在学习缝纫，她会为你做一个全新的枕头，在枕头里面塞满木棉。到那时，我们就可以看到你拥有自己的枕头，在地毯上安稳地睡觉了。”

这样一场谈话过后，尽管还是不能完全打消简妮心中臆想的恐惧，但如果与对简妮进行的任何形式的说教相比，这对于转变简妮的看法无疑会产生更为积极的影响。

父母们只要思考一下利用这种情感对孩子进行教育的结果，就会马上回想起之前自己采取类似的方法对孩子的心灵所产生的影响。如果母亲能够务实、系统地尝试这种方法，就会发现，自己已经掌握了一条对孩子树立权威的新途径——至少，这是一条可以让她更加轻松地实现自己目标的新途径。而对孩子来说，这也是让他们感到愉悦的途径。

10

情感共鸣产生的认同感：父母之于孩子

父母对孩子的一些行为和思想产生共鸣和认同，就会赢得他们的信任及对自己的爱。而对于孩子所做的原本不被认为会得到同情、理解的事情——特别是对于那些原本会受到大人责骂的事情，如果父母能够表示出一种认同感，那么收效就会更好。

A b b o t t

毫无疑问，要想获得孩子的信任和爱，要想有效地管教他们，最好的办法就是分享和理解他们的希望、欢乐、恐惧、悲伤。不管他们所持的观点、幻想抑或是天马行空的想象有多么的幼稚，不管这些事情是否与责任有关，都应该这么做。在和孩子交往的过程中，我们要尽量使自己带点儿孩子气，与他们更亲近一些。这样，我们就可以更容易地走进他们的心灵，与他们建立起更为亲密、友好的关系。

蹲下来，与孩子分享快乐

一位绅士想在一个陌生的小镇上居住。他想，如果自己能够与街上的小孩子友好相处的话，就会方便许多。他可以采用很多不同的方法来达到这个目的，例如下面这个最简单、最容易实现的办法。

有一天，他将要去一个村庄。在街上有两个小男孩正在玩骑马的游戏。一个男孩扮马，另一个男孩扮马夫。当他们俩走近这位绅士的时候，他们还刻意地排练了一下——在经过这位陌生人身边时，他们显然更加卖力。

这位绅士停下脚步，面带微笑地看着他们，然后用很严肃的语气对那位“马夫”说：“你骑的可是一匹‘千里马’啊！你愿意把它卖给我吗？它看起来精神抖擞。”听到这位绅士的话后，那匹“马”开始神气十足地在街上蹦来蹦去。

“你可以卖一个高价啊。你必须好好养它，多给它吃一些麦片。在天热的时候，不要让它过于劳累。如果你决定卖它，我希望能让我知道。”

讲完之后，这位绅士就走开了。这匹“马”以及“马夫”继续精神焕发地在街上“驰骋”。

这位绅士只不过对这两个正在玩耍的男孩表现出了一种同龄人才具有的伙伴情感。他这样做，不仅使孩子在玩耍的时候增加了乐趣，而且也同他们建立起了友好的关系。绅士并没有做任何事情去增强或是维系它，但这种关系还是会维持很长一段时间。即使在接下来的几个月里，他与这两位男孩都没有碰面，但在日后见面的时候，男孩们还是会用微笑来向他打招呼。

从这个例子可以看出，这位绅士不管用什么礼物都不太可能立即与孩子形成那样友好的关系。除非这些“礼物”能够表达一种友好的情感，或是具有类似的作用——也就是说，对孩子采取一种在情感上产生共鸣的攻势。

如果一位叔叔对他的侄子、侄女所关心的事情毫无兴趣，即使他送给他们礼物，无论这些礼物多么昂贵、多么漂亮，这位叔叔也很难和侄子、侄女形成一种亲密的私人情感。孩子喜欢他们的叔叔，就如同喜欢那棵会结出苹果的苹果树、那头给他们提供牛奶的奶牛一样。这还不如他们对那只与他们一起玩耍、一起分享快乐的猫咪所具有的感情，甚至连他们的玩具娃娃带给他们的情感都不如。

走进属于孩子的世界

索菲罗尼娅小姐去拜访一户人家，在这个家里，一个七八岁的女孩正在地板上玩耍。过了一会儿，趁着谈话的间歇，她把这个女孩称为“我的小女孩”，并叫她到自己的身边来。这样的称呼使小女孩意识到自己的“小”，因此而顿感不快。但她犹豫了一下之后，还是来到这位小姐的跟前。妈妈说：“亲爱的，快点与这位女士握手啊。”女孩很不情愿地和索菲罗尼娅握了握手。索菲罗尼娅小姐问了小女孩的名字、今年几岁了、上学了没有、在学校学到了什么东西、是否喜欢上学等老套的问题。最后，终于让她走开了。但实际上，小女孩恨不得马上从这位在她看起来很“恼人”的来访者的身边走开，重新回到玩耍之中。后来，她对这位来访者形成了属于自己的一套看法，那就是，这位只跟她谈论课程与学校的女士，并不是自己可以与之交往的人。

索菲罗尼娅小姐走后，奥里莉亚女士又来了。在与小女孩的母亲短暂地寒暄了几分钟之后，奥里莉亚回过头来，望着正在玩积木游戏的小女孩，脸上挂着一种欣赏的表情。她问小女孩是否有玩具娃娃。小女孩马上说自己有四个。奥里莉亚女士问她最喜欢哪一个，并且希望能够看看这些娃娃。小女孩十分高兴，马上跑去房间，然后手中抱着四个娃娃兴冲冲地走了出来。奥里莉亚女士把这些娃娃放在手里，端详了半天，不时地和它们讲话、谈论着。最后，小女孩自己又回到了玩耍之中。但是，她会在心里默默地想，自己又多了一个朋友。

所以，要想与孩子的心灵更加亲近，我们就必须走进属于他们的世界，而不是等待他们走进我们的世界，因为他们对此不仅毫无经验，而且完全无法理解。只有这样，我们才能拥有教育孩子的经验。如果我们选择走进他们的世界，就有机会接触他们，这样就可以让自己与他们更为亲近。

与孩子形成共鸣必须要凭借真切的情感

在通过与孩子情感上的共鸣形成认同感时，要想取得成效，在情感上必须是真诚和恳切的，而不能摆出一副假惺惺的样子。在我们的心中，要重新燃起一些儿时的观念或想象——哪怕是暂时的，与他们在情感上尽量靠拢。只有这样，在与孩子一起说话或是做事时，才能表现出一种真实的兴趣、思想和感情，而不是伪装、扮演出来的。孩子在辨别这种情感的时候，好像具有一种天生的本能，他们能够准确地区分出别人在分享他们的情感与思想时所表现出的情感是真还是假。那些一味假装的人，无论伪装得多么好，在孩子眼中都会露馅儿。

一些母亲可能会说，自己没有足够的时间去充分了解孩子的观点、兴趣。事实上，她们都在为生活中其他的重要事情或是一些争夺名利的事务而奔波忙碌。但是，走进孩子的世界，其实并不需要多少时间。而且，实际上，这个问题与时间的关系并不大，关键是用一种什么样的方式来对待孩子。

比如，一位农夫的妻子正忙着熨衣服、缝纫或是为她饥肠辘辘的丈夫和孩子准备午餐。十岁大的小女儿来到母亲跟前，向她展示自己用印花布为玩具娃娃做的围巾。这位正在忙活的母亲可能会马上脱口而出："我知道了，但是现在给我走开。我现在很忙。"这种回答不需要经过大脑的思考，母亲很轻易就会脱口而出。但是，同样还有一句话可以很容易地脱口而出："多么漂亮的一条围巾啊！你现在去玩吧。你可以带玩具娃娃米内蒂到外面玩玩。"母亲的第一种回答会使小女孩在离开的时候，感到有点郁闷与不满；而第二种回答则能使她感到很高兴。更为重要的是，这样做更容易在母亲与孩子的心中形成一种联系及情感共鸣的纽带。

一位商人可能整天忙于商务，他在晚饭的时候回到家里，见到自己十五岁的孩子也刚从学校回到家。他们在上楼梯时相遇，父亲说："詹姆斯，我希望你在学校是个好孩子。"父亲这样一说，让詹姆斯一下子不知道如何应答，他只能支支吾吾地搪塞过去。父亲接着说，希望他能够在学业上更加勤奋、专心，同时要善于利用时间。因为他日后的成功取决于他在年轻时能否有效地利用时间。训话结束后，父子二人便各自回房间去了。

父亲这些教诲的出发点是好的。在这种情形下，父亲给予的建议会取得一些好的效果。但是，这并不会让父子俩的情感变得更加亲近。如果父亲没有给儿子这些带有陈词滥调意味的建议，而是采取以下的对话方式，那么效果就会好一些。假如当时是冬天，父亲对儿子说："詹姆斯，现在，在年轻人中什么款式的溜冰鞋最流行？"在得到詹姆斯的回答之后，他问詹姆斯自己对此的想法，以及他是否能在一个较短的时间内取得很大的进步。同时，父亲还问到了这些溜冰鞋的专利发明所带来的影响之类的问题。父子俩这样的对话，相比于上面的对话，同样是十分简短，却会让父子俩的关系更加亲密。即便站在道德的层面上，这种对话所产生的间接影响也是更为有益的。尽管我们没有对孩子进行任何的道德说教或是教诲，而这种思想上的交流所产生的作用却会在孩子的心灵中占据牢固的位置。这样做有助于强化父子俩的感情纽带，会使男孩更容易接受父亲的建议和忠告。

人们千万不要对此产生误解，以为在对这些例子进行讲解时，父母是想在孩子的心中留下这样的印象：他们已经放弃了之前树立起来的权威，而是用跟孩子谈论滑冰鞋这样的事情来取而代之！在这里的讲解只不过是为了说明这两种不同的谈话方式能够产生不同的结果。作为父亲，如果他想在孩子的心中赢得或是保持对孩子的影响，那么在有些时候，就必须要放下身段，走进孩子的世界。在孩子的世界里，有他们所关心的事情。我们不是一个旁观者或是找茬者，而应该成为分享者。

适应孩子的观点

对于孩子获得的乐趣，父母应该理解并尽量去与孩子分享，达到一种情感上的共鸣。无论这些乐趣在父母眼中显得多么幼稚可笑，父母都不应该漠然视之。因为，在建立对小孩权威的所有方法中，这也算是最为有效的途径之一。这种方法不仅可以让父母不去干涉孩子的计划与思想，而且也能够让孩子自得其乐。至于他们在学业上应该承担的责任，或是必须严肃对待的日后职业选择、对长辈的顺从等问题，他们的思想与行动则必须要与父母的要求相一致。在这些关系到原则的事情上，他们必须要服从父母，而不是让父母迁就他们。对于一些无关紧要的玩耍，或是孩子特有的消遣娱乐方式，对于自己周围陌生事物的有益探索及发现各种新奇事物等——所有这些方面，则不能强迫孩子遵守父母定下的法则，最好是顺从他们的意愿。在这些事情上，父母越是让他们充分地享受自由，就越是能够收到更好的效果。

总之，如果父母想要进入他们的世界，就必须要让自己的思想和观点适应他们。

孩子的“傻瓜式恐惧”

父母对孩子的一些行为和思想产生共鸣和认同，就会赢得他们的信任及对自己的爱。而对于孩子所做的原本不被认为会得到同情、理解的事情——特别是对于那些原本会受到大人责骂的事情，如果父母能够表示出一种认同感，那么收效就会更好。也许，最具说服力的例子就是我们常常谈到的“傻瓜式恐惧”。这种恐惧可以真的带有一种傻瓜的味道，也可以不是。这并不只是说面对的事情是否真的存在危险，而是对此抱有疑问的人对这件事本身了解程度的深浅。

比如，一位女士走在一座大城市的一条人行道上，看见有工作人员正在将一个巨大而又沉重的铁柜缓缓吊起，铁柜在人行道上方大约七米的地方停住了。这位女士目睹了这一过程，她不敢从那下面经过。负责指挥这一操作的工作人员却在这吊起的重物之下来去自如，而没有一丝担忧，脸上还带着笑容，仿佛是在嘲笑这位女士的傻瓜式恐惧。事实上，真正犯傻的人不是这位女士，而可能是这位没有认识到其中存在危险的工作人员。因为工作人员知道他头顶上机器的安全系数以及性能，而这位女士对此却一无所知。她只知道，起重机在提升的过程中，如果缺乏足够的谨慎，有时候就会发生意外。她无法知道，也无从知道在这次的操作中，工作人员是否做到了足够的谨慎。所以，这位女士实际上是展现了其丰富的常识，而并非所谓的“愚钝”。所以，为了避免给自己带来危险，她会选择走另外一条路。

这个例子，其实对许多被称为“傻瓜式恐惧”的例子做出了一个适当的解释。如果我们从每个人所掌握的知识这个角度来看这个例子，这位女士的担忧完全是合情合理的，不存在一点荒谬之处。

一位来自城市的十二岁女孩，暑假期间到农村去玩。她跨过了小河，希望能跟她的哥哥、弟弟们在一起。但是，在必经的路上，她看到了在草地上啃草的羊，她被那些羊吓坏了。当她来到亲戚家里以后，家人都笑她很傻：“你竟然会害怕一只羊啊。”

但她为什么不应该惧怕羊呢？她曾听说有人被公牛的角撞伤，还有人会被羊角撞伤。所以在某些特定的情形下，她无法预知、估计危险存在的程度到底有多大。一位农夫的女儿嘲笑她，是因为她知道羊的脾性。她曾经给羊挤过奶并且喂养过它，还上百次地把羊拴住。所以对农夫的女儿来说，不敢穿越有羊吃草的田野的行为确实很傻。但是，对于一位来自城市的女孩、一位对羊一无所知的女孩来说却是可以理解的。

即使农夫的女儿走上前去，对这位城市的女孩做出保证：羊的脾性是多么多么的温驯，从羊的身边经过一点都不危险。这样的保证也难以改变女孩的看法。因为她对这位农夫女儿的了解与对羊的了解，程度是差不多的。同时，她也无法判断别人所持的观点和情感是否可靠：这只羊可能并不像他们想象的那么温驯，那可能只是那些盲目乐观的人对羊的误解而已，这些都是说不定的事情。还有，这只羊可能对熟悉的人很温驯，但是对于陌生人则可能会采取攻击行为。在这种情况下，一个孩子需要的是人们的同情与理解，而不是大人们的奚落与嘲笑。

在上面这个例子中，假如这位城市女孩后来遇见了这位农夫的儿子。这位年轻人的名字叫约瑟夫，他是一位帅气的年轻人，有着棕色的皮肤，穿着朴素的衣服。他是一位绅士，属于那种在平凡外表下却拥有一颗成熟的心的人，过着从容的生活而不见一丝的附庸风雅。当他看到神情踌躇的女孩时，他走到了她身边。尽管在家里，家人每次都向她保证，走过羊的身边不会有什么危险，但她就是不敢走过去。“是的，”在听到女孩对此事的说明之后，约瑟夫说，“你是对的，羊有时会变得很凶，我知道这一点。你对在农村遇到的陌生事物时刻保持警惕，这是完全合理的。但是，你眼前看到的这只羊恰好是一只很温驯的羊。我会陪你一起走过这片田野。”

就这样，他陪着她一起走过了这片田野。当走到羊的跟前时，约瑟夫对着羊说了几句话，并且从口袋里拿出了一只苹果给羊吃。

这个年轻人正是凭着对这位小女孩的同情与理解的精神，最终帮她克服了恐惧。一般情况下，我们也可以像他一样，很好地处理孩子的恐惧或是他们头脑中的一些胡思乱想。

当孩子犯了错

孩子犯错之后，父母应该给予他们足够的同情与理解，这样做是很有根据的。表面看来，父母是对孩子的错误给予同情与理解。从某一方面来看，事实的确如此，但是，从严格意义上来说，我们只是对孩子在不断尝试及在

面对诱惑时所犯的错表示同情，而不是对他们犯错本身这种行为进行放纵和迁就。无论从哪个方面看，一个稍微完善的哲学分析就能让我们明白这一点。不可否认的是，博爱主义者所做的最成功的工作，就是通过对那些犯罪者的心灵给予怜悯，达到教化的目的，而并不是让犯罪者为自己的罪行感到悲伤或是痛苦。对于犯下罪行的人在心灵上采取宽大仁慈的方法，不仅可以让犯人正确认识到自己对同胞所犯下的罪行，也为他们诚心悔改打下了一个牢固的基础。

对于犯了错误的孩子，这一方法也特别适用。当他们做错事情时，需要大人们能够给予一种善意、亲切的同情与理解。母亲对孩子表现出适当的同情与理解，对孩子而言，可能会产生比其他方法更为积极的影响。当然，给予孩子同情和理解必须要控制在适当的界限内。同时，又要配合正确的途径。只有这样，父母对犯错的孩子所给予的同情与仁慈才不会被他们当成挡箭牌。

有一个男孩，满腹牢骚地从学校回到家。原因有很多，比如他在学校受到了老师的惩罚。在这个时候，有的母亲可能会说：“我一点都不会同情你，你被老师惩罚是活该。”母亲这种添油加醋的做法，不仅会使孩子幼小的心灵不断地骚动，而且也不会让他感到自己确实做错了。他的心智尚未发育完善，不可能对复杂事情的各方面有着一种“这样做可能会犯错”的自发性认识。但是，老师和母亲却蛮横地认为，孩子应该有这样的能力。但是男孩的心智发育还不成熟，心灵无暇去思虑这些问题。此刻，他满脑子都是老师带给他的痛苦回忆，现在，连他的母亲也掺和了进来，这使他心中的愤怒与怨恨相互交织得更为深重。在这个例子中，这位母亲对此事的看法同样是狭隘的。站在另一个角度看，她认为如果自己对犯错的孩子表示出一种善意与同情的感情，就是“助纣为虐”，是在和孩子一起反抗那位老师的做法。所以，在现实生活中，很多母亲可能会做的都是牢牢地站在老师的一边，帮着老师一起数落自己的孩子。

我们可以看到，在这种情况下，一位母亲真正适宜的做法是：首先，要安慰和稳定住孩子愤怒的情绪。如果需要的话，还要倾听他对整个事情的讲述。在这期间，不要反驳孩子的话，无论在心底是多么不同意孩子的观点。因为，当孩子内心激动时，他很容易就会对事情产生一种盲目、扭曲的看法，错误地去理解整个事实。所以，在孩子讲述整件事的过程中，母亲所要做的只是耐心地倾听。母亲没有必要对孩子所说的事情进行是非曲直的判断。一方愿意对事情的倾听并不会使另一方因此而得利；相反，这是父母对事实有一个不偏不倚的判断，进而作出正确决定的唯一途径。

其次，在孩子处于这种困境的时候，母亲要尽量地给予同情与理解，并且充分考虑到可能导致孩子犯错的多方面因素，多给予孩子一些安慰，以此平缓他愤怒的情绪。这样，母亲也可以深入了解孩子所遭受的痛苦，而不会始终纠缠于孩子犯错的起因之中。过一段时间，等孩子心灵上的骚动真正平复下来以后，母亲就可以找一个合适的时机，更轻松、更有效地让孩子认识到自己错在哪里。

11

对孩子要多关注，少挑剔

很多错误的教育方式错就错在根本理念上，这种理念认为孩子做正确的事情是理所当然的。当他们做对的时候，父母一言不发；而一旦犯错，就会被父母认为是不正常，于是父母介入其中，强加干涉。这在很大程度上是错误的。

A b b o t t

我们常常会不假思索地认为，孩子做正确的事情是理所当然的。而他们如果做错事情，就是非自然的或不正常的表现。因此，当他们做了正确的事情，我们会认为这是他们应该做的，也毫无表示。但是，当他们犯错之后，我们会注意到他们的行为的不当。然后，难免对他们进行指责。许多父母在引导小孩走上正确的道路时，并不是通过循序渐进的表扬与鼓励，而是通过教训等手段，试图纠正他们的错误，避免他们日后重蹈覆辙。

现在，我们不应该忘记，在童年时期，孩子在心灵道德层面上有一个取向的问题，他们对此没有什么概念可言。但是，他们却有学习的禀赋。孩子可以通过长辈的教育或是周围人们的榜样来习得。不同哲学派别关于人类灵魂的天然构成及原始冲动都有不同的理论和观点，在此我们并不想进行探讨，而是以一种简明而又实际的方式，来对孩子的心理以及道德行为进行审视。这些都可以从孩子们的日常生活中获得。仔细观察的母亲会在他们的一举一动中觉察到孩子们内心的想法。为了避免在这里阐述的理论陷入任何形式的复杂艰涩，我们首先从一个极为普通的例子着手。

这个例子是关于孩子在进出房门时制造噪音的习惯。乔治与查理这两个男孩年龄都在五岁左右。这两个孩子都会犯相同的错误，假设他们的母亲采取不同的方法来矫正他们的错误。乔治的母亲主要依靠在他做对事情时，给予赞扬，以此来对孩子产生影响。而查理的母亲则主要是在他做错事情之后，希望通过对他指责与惩罚这样的手段，达到自己的目的。

一天早上，乔治想去问母亲一些问题，或者想让母亲批准自己出去玩耍。他粗鲁地冲向母亲的房间。在门口，他大力地拍门，造成很大的噪音。母亲对此很不满。在这种情况下，我们不能责怪他。因为他自己并没有察觉到给别人造成的困扰。他的心灵认知能力只能让他想到自己渴求的东西。他无意打扰别人，而自己对此当然也没什么察觉。

母亲当时没有关注他制造的噪音，而是回答了他的问题。乔治在走出房间时，还是像进来时那样又制造了一阵让人厌烦的噪音。

我们设想，在他下一次进来的时候，完全是在偶然的情况下。乔治开门进入房间时，只发出了很小的声音。这无疑给了母亲一个良机。

她说：“乔治，我看到你取得了进步。”

“取得了什么进步？”乔治一脸疑惑地问。他不知道妈妈指的是什么事。

母亲说：“是的，你取得了进步。在你进入房间的时候，并没有制造出很大的噪音。这次和以前相比，噪音小了很多。有很多男孩子在进出房间的时候，都会制造出很响的噪音，这是很令人讨厌的。如果你能在刚才的基础上继续进步，一定会像一位绅士那样进出房门的。”

下一次，乔治在走进房门的时候，克制住自己的冲动，小心翼翼地打开房门，然后尽量轻轻地把门扣上。

乔治向妈妈谈到此事时，妈妈恰到好处地给予他表扬：“孩子，你开关门的时候就像绅士一样。你付出了这么多努力不去打扰我，我希望能为你做些什么。”

表扬总比惩罚好

同样的情况，查理的母亲则采用了另一种截然不同的方法。我们假设，查理有时在进门时，轻轻地走了进来，母亲认为这是理所当然的，毫不理会。不久，可能是由于一些特别着急的事情，他在进出门时，制造了很大的噪音。这时候母亲立刻就回过神来，斥责道："查理，你制造的噪音太响了。在你进出门时，就不知道轻轻地开关门吗？如果下次在进出门的时候你不能减少噪音，我就不让你进来。"

查理非常清楚母亲只是在吓唬自己而已。但是，母亲的这些指责以及随后的警告，无疑会让他觉得很不舒服。其实，母亲这样做的"唯一好处"，就是让查理在下次进来的时候，试着减少噪音，看看母亲有什么反应。下次，在进门的时候，他故意稍稍地降低了一点噪音，假装听从了母亲的命令。如果母亲再次愤怒地质问，他可能会很诚实地回答："没有比制造噪音更让他感到爽的事情了。"他不知道为什么噪音会让母亲感到不高兴，因为这微不足道的噪音根本不会打扰到他自己，他自己很喜欢这种噪音。小孩子都是很喜欢噪音的，特别是当这噪音是他们自己制造出来的时候。尽管在查理制造噪音之前，就有人告诉过他，不能制造任何噪音。然而对孩子来说，噪音可以说是一种快乐之源，但在父母们眼中，这却是烦恼与苦闷的来源之一。查理对整件事的看法是极为模糊的。但如果说他对此事有什么自己的想法的话，那就是母亲的话表明了她对事情的不理解以及态度上的不可理喻，正是这种态度唤起了她内心想给查理挑错的坏脾气，并以责骂的方式发泄出来。可能查理会更加简单地说："妈妈真的是蛮不讲理啊。"换句话，整件事在查理的道德感上烙下这样的一个印象：这只是母亲的错，而自己则一点错都没有。

很显然，当父母试着去寻找纠正孩子的坏习惯的方法时，或是在成功地限制了孩子行为举止上的一些错误时，我们可以看到，这样做其实对他们并不会产生多少积极的效果。母亲这种激烈的反应可能会对孩子的精神方面造成严重的伤害，这体现在母亲对孩子的恼怒以及习惯的反应。这同时也会影响孩子对母亲公正、善良形象的信任。在我们讲完这个例子时，必须回过头来仔细看看乔治的例子。乔治的母亲，不能说她对乔治所采取的纠错手段已经取得了效果，实际上，这也只是迈出了第一步而已。这种方法会让乔治在某个时刻自愿去做母亲认为正确的事情；而直到乔治养成这个习惯之后，这一工作才算是顺利完成，这两者完全是两码事。所以这就需要母亲为了一个特定的目标，不断地采取具体、持续的措施。父母不仅要为孩子指出道路前进的方向，更要劝导他们走上这一道路。在下面，我们将尝试把这些应用到实际生活中，看看表扬、鼓励孩子在这一过程中所发挥的重要作用。

让孩子形成习惯

我们在上面已经讲过，在第一步措施完成之后，乔治的母亲找到了一个适当的时机。这可以是在孩子上床睡觉前，也可以在孩子坐在母亲旁边的时候。总之，与孩子对话的时间要选在孩子心智清醒、不受干扰的情形下。

母亲说："乔治，我有一个计划想跟你说。"此时的乔治迫切地想知道这是个什么计划。

"你知道，当你今天轻轻走进房间的时候，我有多高兴吗？"乔治并不太清楚母亲说的是什么。

母亲接着说："对于噪音，大人与孩子是有不一样的看法的，这很有趣。孩子们差不多都十分喜欢各种各样的噪音，特别是当这些噪音由他们自己制造的时候更是如此。但大人们却不是如此。假设在房间里有几个男孩，他们会随意用力地关门，以制造噪音。他们会对此感到非常高兴，认为这非常有趣。"

“是的，”乔治说，“他们会的。我也希望有一天你会让我这样做。”

“但无论噪音是不是他们制造的，大人们对此都是极为讨厌的。所以，当孩子进入有大人在的房间的时候制造噪音，会让他们感到十分不开心。大人们总是喜欢那些轻手轻脚进入房间的孩子，因为那些孩子就像绅士或淑女一样。”

母亲的说辞联系到了乔治所做的正确行为，在表达的过程中渗透着对他的褒扬，这会让乔治在心中更容易接受，而不是抵触或是置之不理。同样地，如果母亲因孩子犯错而责难他们，孩子会十分抗拒。

于是乔治说：“是的，妈妈，我一定会尽可能地在进出房门时轻轻关门。”

“好。我就知道你会这样做。”母亲高兴地说，“但是，你很快就会忘记的，除非你自己有一些计划帮你记住这一点，直到养成这个习惯为止。现在，我有一个计划，也许可以帮你养成这样一个习惯。当你养成这一习惯之后，你就再也不会觉得轻轻关门这件事有多困难了。”

“这个计划是这样的：以后，每次当你进门时，如果你制造了噪音，我就会说：‘噪音。’然后，你就要缓慢地向后退，关上门之后，你再轻轻地重新开门进入。除此之外，你不会受到任何惩罚，因为妈妈知道，即使声音大了，你也不是故意的。这样做只是为了让你记住，不要在进出门的时候制造噪音。这会帮你养成轻声进门的习惯。以后，你就会像一位绅士一样。”如果母亲能本着这种负责的精神去执行，孩子就会心悦诚服地服从母亲的计划。

母亲接着说：“你听到我说‘噪音’一词时，就必须走出去，再进来。如果这让你感到生气或是郁闷的话，那么也许我不应该提出这个计划。不过，我想你一定会心平气和地对待这件事。即使你认为这是一种惩罚，你也会心甘情愿地走出去，像一个男人那样接受惩罚。如果当你再次走进来的时候，没有制造出噪音。你就会意外地发现，原来自己是能够忠实地履行这个计划的。”

如果乔治在第一次退出门外，又重新进来的时候，自始至终都是心平气和地接受。父母一定要及时注意到这一点，并恰当地给予乔治表扬。这种方法不会让母子之间产生任何对抗情绪。相反，这对双方来说都是一种快乐与幸福。母子的心会更加靠拢，双方的感情与理解的纽带也会变得更加牢固。

我们要相信，上面阐述的例子中的方法模式在日常生活中是“放之四海而皆准”的。孩子在开关门时制造噪音，或许只是一件微不足道的事情。然而我们之所以花这么长的篇幅来讨论这一习惯，并不是要强调改掉某一个坏习惯的方法，而是在这一具体方法中所体现的原理以及在执行时所要具备的一种精神。可以说，这种原理与精神在家庭教育的所有方面都是适用的。当然，还有很多父母没有使用这种方法。有的孩子在很多场合下都说真话，有时甚至顶住巨大的物质诱惑，选择讲真话。有的父母对此熟视无睹，认为这是孩子应该做的。而当孩子们有一次经不住诱惑而撒谎，父母就会对此大动肝火，对他严厉地训斥。又比如，一个孩子十次中有九次选择放弃属于弟弟、妹妹的东西，只有一次在经过激烈的心理斗争之后，粗暴地夺过不属于他的东西。而父母对于他前九次做对的情况都不予理会，却因为那仅有的一次错误，对他拳脚相加。

孩子为什么会犯错

很多错误的教育方式错就错在根本理念上，这种理念认为孩子做正确的事情是理所当然的。当他们做对的时候，父母一言不发；而一旦犯错，就会被父母认为是不正常，于是父母介入其中，强加干涉。这在很大程度上是错误的。孩子会有一些完全出于天性的错误行为。一个婴儿抢走属于另外一个婴儿的玩具，当他们学会说话后，他们马上就会用语言指出属于他们的东西。而此时他们还没有那种神圣庄严的责任感，来使他们的语言符合事实，或是为自己给别人造成的损害给予补偿，抑或克服一时的诱惑而敢讲真话。这些行为都是在后天慢慢习得的。

那些正确的观念在某一初级时期处于一种迟钝的状态，需要通过教育与周围的人们树立的榜样的影响而习得。但是，所有人都知道，这种对行为动机感知能力的发育是很缓慢的。儿童要想获得足够的发展，来对其自身行为施以真正有效的控制，就必须要经历这一过程。我们在控制欲望、本能的冲动上所获得的任何实质性的帮助，都是在人生的早期获得的。事实上，如果人类的良知在其儿童时期就展现出存在的状态，理智就会把它带入责备与惩罚之中，那么它就会随之而表现出一种对探知的恐惧。

儿童时期的孩子就像一株极为脆弱的植物，正在缓慢地生长。他们要想发展到健康成熟的时期，就需要养育者采取最柔和的方法来呵护他们，使那些处于成长阶段的幼小心灵得到保护。当那些处于萌发期的孩子无力挣扎时，长辈给予的表扬与鼓励会产生积极的影响，同时也会大大地促进他们的发展。在他们遭遇挫折时给予鼓励与表扬要比责罚更容易取得好的效果。

表扬与惩罚的分寸

好像每件好的东西在其形式或组合上都有其自身的一些缺陷。父母可能会不辨是非地对孩子赞扬与夸奖，让孩子变得骄傲与虚荣，这是不会取得任何好结果的。

父母对孩子给予关注与表扬应控制在适当的限度与范围之内。我们肯定孩子正确的一面，这比一味地对孩子的行为进行批评更为有效。

孩子学走路、学说话时父母采用表扬手法是正确的

在孩子身心发育的过程中，有两种能力是他们必须要学习的。在这一过

程中，我们不会对他们的犯错、不足而感到失望。父母会一如既往地给他们表扬与鼓励。

孩子在第一次学走路时，颤巍巍的身体显得既笨拙又弱小。但孩子的妈妈在一旁却会十分兴奋，而且会接连地发出一阵阵惊叹来表达自己的喜悦之情。她对孩子的表现是多么满意啊！她或许还会叫隔壁房间的人过来看：自己的孩子会走路了！在孩子学走路的过程中，母亲由始至终都不会说对孩子的表现不满意或是丧气的话，不会说孩子走路踉踉跄跄、十分笨拙的话，也不会埋怨他需要父母去搀扶才能保持平衡。在整个过程中，父母对孩子那颤抖的身子、脸上不安的神色或是犯的任何其他错误，都积极地给予鼓励，让他不断改进，最终取得成功。

小孩在蹒跚学步的时候，母亲即使偶尔对孩子不尽如人意的表现说些什么，孩子也根本不明白自己的母亲在说些什么。在孩子的眼中，这一切都是母亲对他的行为表示满意以及欣慰而已。由此也可以看出，孩子如果觉得自己给旁观者带来了欢乐也会使他受到鼓励的。他会因为自己的成功而感到骄傲与高兴，同时抱着一种更为积极、愉悦的心情继续前进。

同样地，小孩学习讲话的过程亦是如此。他们在刚刚学说话时，往往会表现出很多缺点与不足。但是父母们很少去理会这些，有些父母甚至置之不理。如果孩子的话被父母听明白，父母因此而表现出欣喜的表情，这会给孩子留下深刻的印象，还会使他们怀着胜利的喜悦继续去学习说话。父母们没有因为孩子在这方面还需要很多改进才能达到预期的目标而感到任何失落。实际上，母亲不去批评或是指出孩子在这一学习过程中的错误，反而会在这一过程中给予孩子持续的帮助。所以，当孩子这个语言的“入门者”在运用语言时，譬如，在床上睡醒之后，他向母亲伸出手说：“妈妈，我想起床。”此时，母亲会应声过去抱住他，脸上洋溢着喜悦，仿佛在说：“我的小宝贝，你是应该起床了。”母亲这样的表现使孩子的内心充满了幸福的喜悦之情，因为妈妈对于他语言的尝试及取得的成功感到了满意。

在学习走路与说话的过程中，孩子总是抱着一种轻快、愉悦的心态不断取得进步。他们在父母无意识的鼓励下，会不断自发地练习。父母虽然没有承诺给他们什么奖励，也不曾用什么物质奖励来引诱他们，但也没有对孩子有任何不满或是厌恶的情绪。假如母亲在小孩学习走路和讲话的过程中，对孩子犯的错误不断唠叨，并养成习惯，其产生的后果不仅会让这位“小学生”的信心遭受极大的打击，也会严重地阻碍孩子取得进步。

小学生第一次习作，千万别令他感到沮丧

我们来看学校或是研讨班里教孩子如何写作的例子。用文字来表达自己内心的思考能力与小孩学习说话的能力十分相似，只是我们换成了文字这种表达方式。我们在前面介绍的在孩子学讲话时的正确做法，按说也应该自然地运用到这个例子中。然而，实际上我们却刚好颠倒过来了。

小学生在写作文的时候会遇到很多困难。他们会强烈地预感到自己可能会写得不好，只好怀着忐忑不安的心情把自己写下的第一篇文章交给老师。如果老师是个心地仁慈的人，并具有足够的耐心，他就会在孩子的作文上写下一些简短而又略微模糊的话，貌似在赞扬他：“这对于一位初学者来说，已经很好了。”或是这样写：“第一次写文章就有这样的水平，算不错了。”然后，老师就会以成年人的标准对这篇文章仔细地分析，并不断清楚地指出文章中所存在的缺点，如遣词方面的不恰当等。无论老师在这一过程中表现得多么耐心、友善，他这种做法都是在彻底地向孩子表明：你的文章让人感到很不满意。这样，孩子在交作业的时候就会变得胆战心惊。当他们拿着那份已被修改得面目全非的手稿回到自己的座位上时，内心会感到羞愧难当。此时，他们幼小的心灵处于一种濒临绝望的状态。

如何纠正孩子在拼写上的错误

有人认为，明确地指出孩子所犯的错误，对他们在日后取得进步是至关重要的。因为只有他们真的知道自己的错误在哪里，才可能有针对性地改正它。我承认，这种说法是有一定道理的，但是也绝没有人们想象中的那样千真万确。其实，除了上述人们说的那种对孩子错误直接指明的做法之外，还可以采取更多效果更佳的方法去改正孩子的错误。

其实，老师可以不指出某个孩子在写文章时所犯的具体错误，而是说明他们整体上做得好的方面，并给予赞扬。同时，他在心中也知道孩子在写作过程中所存在的不足之处，应在日后的教学中帮助孩子改正这一点。这当然只是一种很普遍的教学方法，但这没有提到某个孩子所犯下的具体错误，而是从整体上加以说明，避免了对某个孩子的心灵所造成的伤害。尽管这种方式与上面那位老师的做法有相同之处，都是希望孩子能够在写作的时候养成正确的用词习惯。但是，后一种做法却不会让学生感到老师是在指责他们的错误，轻视他们的努力。而上一种方法却会让学生一如既往地把犯过的错误忘得一干二净，并且在日后还是会对这些错误浑然不觉。

一位聪明的母亲会有很多与此类似的具体教育方法。这些方法既可以把孩子引上正确的道路，同时又能避免因对孩子犯错的责备而给他的心灵造成伤害。这一方法对孩子因自己的疏忽或是在心智还不成熟的情况下所犯的错误是非常适用的。但不容忽视的是，还有另外一种犯错的类型，即由于孩子的疏忽或是对母亲的教诲不加重视造成的。父母必须对他们这种类型的错误保持警惕，一定要及时、恰当地指出来，让孩子认识到自己的错误。也许在一些特殊的情况下，为了让他们从心底里打消那些错误的想法，还需要给他们一些惩罚，并指导他们改正。但是，一些孩子是因为忽视了自身的责任或是在不注意的状况下犯了错，无论这些错误是多么明显，都尽量不要去责备。

如果可能的话，父母还是要尽可能地发现孩子表现好的一面，并对此表示鼓励，表现出对他们在下次能有更好表现的期望。这样，父母就很容易唤起孩子知错就改的决心。帮助孩子改掉疏忽这一坏习惯也会相对容易一些。

然而，我们在这一章要给出的建议，就是要尽可能地对孩子使用表扬和鼓励的方法，同时，抛弃那种批评或是有错就责备的教育方法。这个建议跟其他的一些建议一样，都是有一定的适用范围的。可能有一些母亲会不赞同我们在这里所讲的东西，她们会说："如果我总是不辨情况就对孩子赞扬的话，他就会很容易变得虚荣而自大，他就不会再努力地去争取进步，而是会对已经取得的成绩感到满足了。"是的，孩子们的确会如此。因此，父母就要对这件事注意了，尽量不要不分情况地给予赞扬。母亲必须要发挥自己的技巧、良好的判断力与常识。无论孩子的表现如何，都要适当地运用批评与赞扬。无论哪一种方法都不是完美的，我们不能盲目夸大它的作用，或是盲目执行而忽视了当前的客观状况，否则，其结果不仅不是自己想要的，而且会弊大于利。

父母一定要记住，我们在本章谈到的关于对孩子使用扬善避恶的方法是来改正他们的错误的。这一方法只适用于孩子因无知或是偶尔的疏忽及一些不良的习惯而犯的错误，而不适用于他们明知故犯的那种类型。这就需要父母分清孩子所犯错误的类型。当碰到孩子故意不听父母的话，或是公然挑战父母的权威时，父母就必须采取不同的策略。

"放之四海而皆准"的方法

在本章结束时，我们阐述了这种做法——通过对孩子所做的正确的事给予关注，而不是只顾着挑剔其错误。客观地说，这样的方法对不同性格、不同年龄的人都是适用的。在世界范围内，表扬与鼓励对人们的心灵产生的影响都是巨大的。在复杂的社会关系中，运用表扬与鼓励都会收到好的结果。如果你看到穷人做出一些慷慨的举动，不要去嘲笑他们的贫苦，而是要通过对他们行为的观察，去发现那些隐藏在贫穷里的慷慨，及时地表示赞扬。假如你有一位让你不堪其扰的邻居，如果你直接去告诉他你的看法，只会让他日后带给你更多的烦恼。我们要做的是，在某些场合下，假如他对你表示出一点善意，你就要对此及时表示真诚的谢意，这样他就会有一种想去复制这一行为的强烈冲动。如果人们都能明白这一点，并在人与人交往的过程中运用这一点的话，那么，我们现在居住的这个世界将更为和谐，我们也会在各个领域取得更多的成就。值得注意的是，这一方法的适用范围需要我们有良好的判断力及常识。

12
孩子犯错并非故意

在孩子掌握知识的过程中，他们犯错误时会遭受到指责和斥责，没有什么比这更让他们感到心灰意冷的了。而实际上，在很多时候，他们所犯的绝大多数的错误都会成为大人指责、嘲笑的对象。这种教育方法给孩子带来的后果是可以持续终身的。

A b b o t t

在我们眼中，孩子的许多可以认为是愚蠢的错误其实都是由于他们的无知而犯下的。父母需要技巧，甚至是仔细地观察，才能决定是否纠正孩子的一些幼稚无知、毫无经验的错误，或是界定孩子的行为是否为明知故犯。对于明知故犯的错误，我们无论如何都要采取一些适当的行动。但是，对于前者，我们所能做的不是责备，而是开导与教诲。

【家教实例 I 】爱吹牛的孩子

有一天，母亲走进房间，发现约翰与他的表妹简妮在两人谁高的问题上发生了激烈的争论。约翰坚持说自己比简妮高，原因很简单：他是个男孩。约翰的哥哥詹姆斯也在场，他给他们俩测量了身高，发现约翰确实比简妮高一些。

在这个例子中，当约翰知道自己比表妹更高时，感到喜悦与开心，这是无可厚非的。尽管他以吹嘘的方式来证明自己的身高优势显得有点愚蠢。这种愚蠢源于他的无知。因为他不明白，与通过吹嘘而获得声誉相比，我们最好让自身的优点自然流露，这样会更为明智与得体。我想，有一半的人类终其一生都好像无法明白这一道理。如果在一开始，约翰就承认简妮可能比他高，然后静待测量的结果，这样就不会让人觉得愚蠢。但是，这对年龄还小的约翰来说，要求未免过高了吧。

许多成年人尚不知道这一道理，五岁的约翰就更没有足够的智慧自己领悟这一点，所以不能因此而责备他。

同样，约翰认为他自己是个男孩，所以就一定要比与他同龄的表妹高。我们也不能因约翰在争论过程中所持的这种错误的逻辑而去责怪他。类似的例子还有很多，逻辑学家把这种行为称为“假设”。我们已经知道，孩子在小的时候，心智的成长是很缓慢的。我们不应该指望年龄这么小的孩子对事情的前因后果能够有充分的了解。对他们而言，在假设与结论之间存在着一些极为抽象的逻辑关系。在孩子还没有接受正规教育之前，我们不能期望他们明白这一点。

总之，在这个例子中，我们不应该因为约翰没有发育成熟的心智而嘲笑他，也不能通过责备或惩罚来让他改变这种吹嘘的习惯。我们要做的，就是对他进行教导。当然，我们不能直接地指出孩子的缺点。如果你尝试着对他说明吹嘘的行为是多么愚蠢，他就会感觉你是在没事找茬，他的内心就会处于一种本能的防御状态，你的教诲想要进入他的心灵就会变得异常困难。约翰的妈妈当时立即向儿子说明吹嘘这种行为的愚蠢之处，她说我们最好让自己身上的优秀品质自然流露，这样才会显得更加明智，而不要尝试去做沽名钓誉之类的事。约翰很不愿意听，对妈妈这种半遮掩式的责备感到非常不爽。如果他是一个很听话的孩子，就会默默地等着妈妈把话说完，但是妈妈的话却没有一点效果。如果他是一个叛逆的孩子，他很可能会打断妈妈的话，自己走开，独自玩去了。

我们必须抛弃那位母亲的做法，而是静待他们的争论告一段落或是测量身高一事被孩子遗忘后，她可以利用一些有利的时机给予孩子必要的教导。这样做收到的效果会更好。例如，当孩子玩累后静静地看着妈妈忙活的时候，或是妈妈被要求讲故事的时候，抑或是送孩子到床上睡觉的时候，妈妈可以对约翰讲一个关于两个男孩的故事。

这两个男孩一个叫杰克，另一个叫亨利。他们俩是同班同学，但是这个教室里也只有他们两个学生。亨利是班上最勤奋的学生，成绩一直排在第一，杰克则排在后面。当然，由于全班只有他们两个人，所以，杰克是排在最后一位。

有一天，家里来了许多人，其中一位女士问这两个孩子在学校的成绩怎样。杰克马上回答说："很好啊，我在班上的成绩仅次于第一名。"这位女士听后马上对他给予了赞扬，说他一定是一位很勤奋的学生，只有这样，才能在班上取得这样好的成绩。然后，她又问亨利的成绩怎样。亨利说自己的成绩是班上的倒数第二。

这位女士多少感到有点吃惊，因为她与在场的其他人都知道亨利是班上最勤奋的学生，因此感到有些不解。亨利在说话的时候，语气有点狡猾。不一会儿，老师也来了，她对此做出了解释。她说这两个孩子是同一班的，而这个班只有他们两个人。亨利其实在他们两个人中是排第一的，而杰克也的确是仅次于第一名。老师这样讲解之后，杰克感到很羞愧，而亨利尽管没有说什么吹嘘的话，却情不自禁感到很高兴。

"现在，"妈妈在讲完故事之后问，"你觉得他们之中谁更聪明呢？"

约翰回答说亨利更聪明一些。

"是的，"妈妈说，"事实上，如果一个人具有某个优点，应该让其自然流露，而不是靠自己的吹嘘。"

事实上，亨利和杰克的例子与约翰和表妹的例子并不完全相同，甚至是有点差别。但在对孩子的教导方式上，我们并没有必要完全符合原来例子的逻辑，只要它们两者之间有较大的相似度就行了。这个故事引起了孩子的兴趣和思考，同时也为他了解并接受母亲的教诲做好了思想上的铺垫。但是，如果母亲愿意，她可以把这个故事讲得更加浅白一些。

她说：“我给你讲一个故事。在集市上有两个男人，他们的名字分别叫托马斯与菲利普。托马斯在吹嘘自己有多强壮，他说自己比菲利普强壮多了。托马斯指着地上的一块大石头，说要与菲利普比试一下，看谁把石头扔得更远。菲利普说：‘也许你说得对。我可以试一下。不过，我想你会赢我，因为你很强壮。’于是他们就开始比试了。但是，事实证明，菲利普比托马斯扔得远多了。然后，托马斯羞愧地走了。而菲利普则因为自己事先没有吹嘘而显得形象更加高大。”

“是的，我也是这样认为。”约翰说。

如果母亲愿意，选择的例子可以与约翰的那件事更加相似，约翰照样会心诚悦服地接受。母亲可以把约翰这个例子讲出来，不过要把故事主人公的名字改一下。这样，约翰就不会因为自己的行为遭到别人不好的评价而感到羞愧。人们会惊讶地发现，哪怕只是表面上的一点点轻微变动，都足以让孩子转移对自己的注意力，让他们可以不带个人情感地接受母亲的教诲。

妈妈可以说：“在一本书中讲述了一个关于两个男孩在比谁更高时发生了争执的故事。设想一下，如果是你在编故事，你认为应该给这两个男孩取什么名字才合适呢？”

当约翰说出了自己的想法之后，妈妈继续讲故事。她把约翰与表妹之间发生的事情一五一十地讲出来，然后提出了自己的看法。母亲在讲述的过程中，只要小心谨慎地运用一些技巧，就会发现这堂课的内容会轻松地走进孩子们的心坎里。原因很简单，母亲没有直截了当地对约翰说出他的缺点所在，而是换了另一个名字，讲了另一个人的事。同时，母亲也去掉了对孩子的那些隐含的责骂。这种很小的伪装足以掩盖住对某人的对号入座。孩子在这一过程中也不会感到特别的难受与不快。他可能会隐约察觉到你是在说他，但这种朦胧的感觉不会让孩子产生任何的不满或是排斥。

我们在这里花费了不小的篇幅来讲解上面的例子，目的就是要说明，在观察孩子天性中真正的、固有的特点时，父母们就会发现，孩子们所犯的很多错误是由于他们的无知以及毫无人生经验所致，而并非故意为之。对于他们的这些错误，我们不应该苛刻对待，更不应予以谴责或是惩罚。因为在这些情况下，他们所需要的只是父母耐心的教诲。这就好比他们前方的道路一片漆黑，需要我们点一盏灯，为他们指引方向；我们不能因为孩子的无心之失而大动干戈，这样只会给孩子留下痛苦的回忆，只会让他们更看不清前路。

事实上，父母会发现，与那些痛苦的回忆相比，那些快乐的回忆更能对孩子产生积极的影响，促进孩子的发展。父母越是采取积极的、让人愉快的方法向孩子传授知识，就越能把孩子指引到通往成功的道路，这条路也会显得更具吸引力，父母的教育也就越容易取得成功。

孩子犯错，在于他还无知

在上面的例子中所说的孩子心智的不成熟，包括他们对自己心灵的特点、行为的一无所知，缺乏正确而理智的认知。但是，孩子所犯的大部分错误是由于他们对事物的法则及身体各部分的属性、性质的无知所造成的。而他们却因此承受了许多本不应该“收获”的指责。

比如，有一个七八岁的男孩，父亲给了他一把小刀作为礼物，嘱咐他一定要小心使用。男孩对于礼物的使用是很小心的。他想要在一块木头上凿一个洞，做一个木风车玩具，但是不小心把刀片弄断了。在这件事上，我们不能指责孩子不够小心。其实，这只是因为他对于钢这种材料、刀片的性质及其锻造等级缺乏认知罢了。在这种情况下，他所需要的不是责骂与惩罚，而是长辈对他的指导。

有一位与这个男孩年龄相仿的女孩，出于一种自发的责任去帮助妈妈准备早餐。她尝试着独自拿着大罐牛奶走过房间，却不小心把一些牛奶洒在了地板上。

女孩的行为给妈妈造成了麻烦，遭到了妈妈的严厉叱责。但是，母亲却全然忘记了，女孩这样做的出发点是好的。其实，女孩洒牛奶的原因很简单：她年纪小，不明白人在携带重物时，走路是会趔趄的，而这多少会影响到液体的振动和摇晃。关于这些，在此之前没有人跟她说过。她年纪尚小，生活的经验和观察不能够让她获得所需的这些知识。孩子所犯的错误大体上都可以归于这一类。他们的犯错并不是出于什么不好的动机，我们也不能称之为“粗心”。这些都是由于他们对手头上物体的属性和质量没有足够的认识和了解而造成的。

人人都会犯错，因而不能揪住孩子的错不放

日常生活中经常会遇到很多类似的例子。一位船长从港口出发之后，乌云逐渐集结，不出几个小时，就出现了一场大风暴。结果，他的船被困于大风之中，船的中桅和绳索都被狂风吹走了。但是，船长并没有因此而责怪自己。因为在离港的时候，船长根据自己掌握的气象知识，认为并不会出现大风暴，因此也不觉得会有大的危险。我们不能奢望船长能够提前对变幻莫测的天气做出一个合理的预测。我们总是倾向于让孩子掌握跟我们一样多的知识与经验，从而对危险的存在有一种认知。其实我们也是在经过多年的人生摸爬滚打之后，才逐渐掌握到这些知识的。但是，我们已经习惯了因孩子对事物缺乏足够的认知而去指责，甚至惩罚他们。

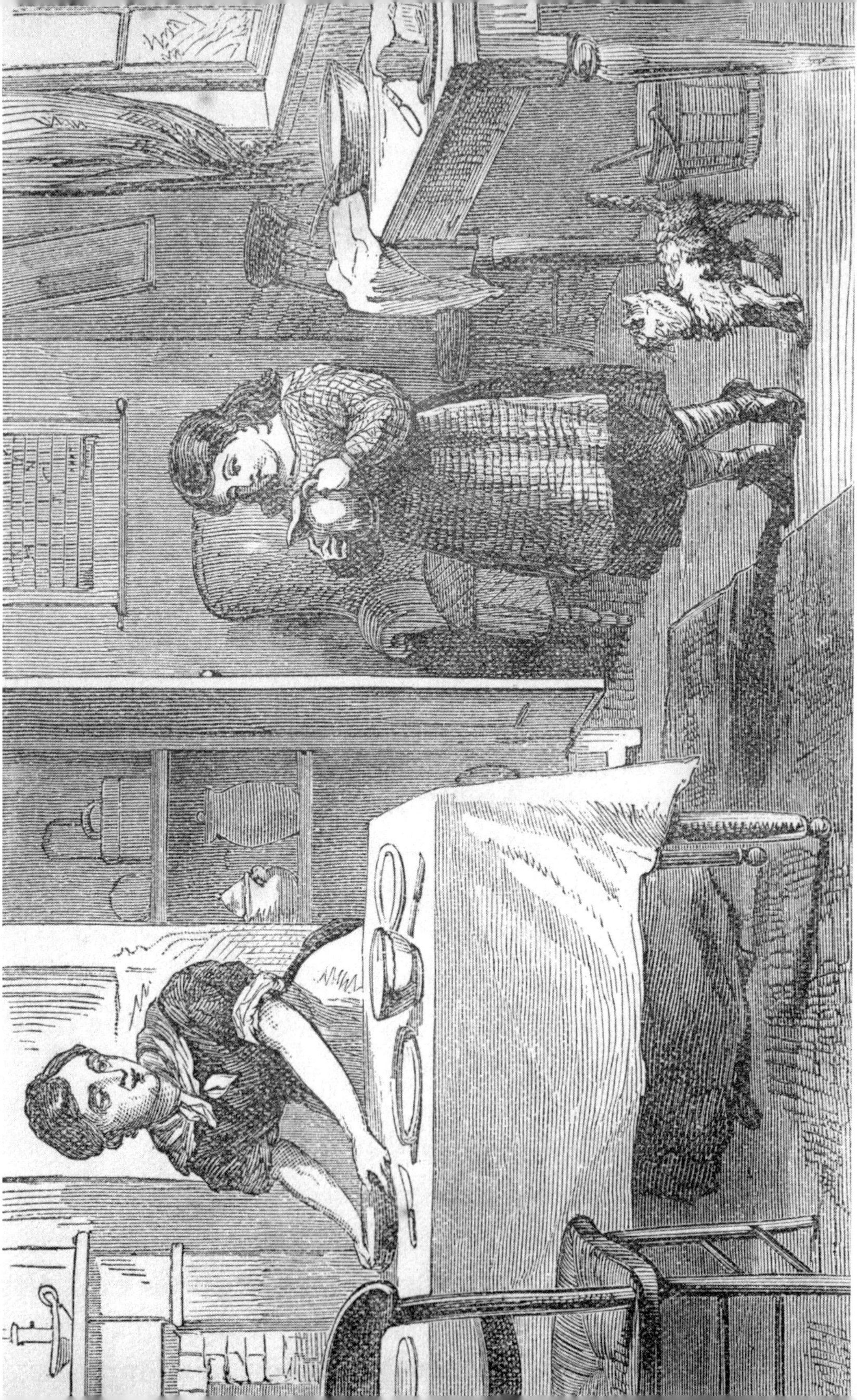

【家教实例Ⅱ】儿童学习拼写真的很困难

也许，在对孩子的教育中，仅仅是因为孩子心智不成熟而造成的错误，就足以让他们在家里或是学校都“收获”了不少本不该“享有”的批评。很少有成年人能够对孩子在学习阅读和书写单词时遇到的巨大困难有一个正确的认识。因为自己的孩子在学习书写单词上进步极为缓慢，不知道令多少父母感到沮丧或不满，这可以从他们的指责和埋怨声中略窥一二。

父母们好像忘记了在英语这门语言中，仅日常使用的单词数量就达到八千到一万个左右，而且，这些单词都是要一个一个学习的。孩子就像苦行僧一样忍受着记忆的单调、无聊和苦闷。值得庆幸的是，他们可以从自己日渐发育的智力上得到一些帮助。而我们对这些单词的拼法却已经习以为常。例如，“bear”这个单词，指的是一种动物“熊”。这个单词是由“B-E-A-R”这四个字母构成的。我们会想当然地认为在这些单词中，字母之间具有一种天然的黏合性，组合在一起用来指代某个事物。但是，当我们要求孩子背单词时，他们却并不这样想。他们对字母本身或是其具有的性质一无所知。当我们指熊的时候，他可能会想到“bear”，也可能想到“bare”“bair”“bere”等。而“you”这个单词也一样，它可以说是我们平常使用频率最高的词语了。一个小学生根据这个单词的发音，可能会拼写成“Y-U”。在此时，如果我们指责孩子，无疑会使他们受到伤害，好像他自己做了一件很荒唐的事情似的。

其实，大人们应该明白，孩子们不经过最刻苦的努力及记忆的劳役，是根本不可能掌握那些在他们眼中杂乱无章的单词拼法的。孩子在相同发音的情况下，无论是拼写成“Y-O-U”“Y-U”“Y-O-O”“Y- E -W”“Y-U-E”（flue 中的 -UE）甚至是“Y-O”（do 中的 -O）等，都是有可能的。那么，到底该选择哪一个正确的单词拼法呢？

事实上，词汇的发音是由元音与各个字母不同的组合而得来的。在不同的单词中，孩子是以一个音节的发音来指引他书写单词的。在长期养成的习惯中，我们已经对正确的拼法习以为常，理所当然地认为这是最平常不过的了。在上面已经讲过了，我们往往会这样认为，英文单词的构成字母之间都有着某种天然的黏合性，在发音时，各代表相同的一种模式。在某些情况，这显得很自然，很正确，而在另外的一些情况中则显得有点荒唐可笑。我们经常会见到有人把“laugh”这个单词写成“larf”，还有些人会把“scarf”写成“scaugh”或是“scalf”。我们之所以把这些明显的不协调之处遗忘了，完全是长期的书写习惯造成的。其实，在单词组合中，并不存在天然联系的说法，而孩子对此更是没有概念。他们在学习讲话时，学习该发什么音来代替清晨草地上的露水（dew）。但是，孩子根本无法从众多相同发音的单词中选择一个正确的拼写形式。他可能拼为“dew”“do”“du”“doo”以及“dou”，这些都有可能成为他们拼写时的候选对象。

因此，在如何正确拼写单词上，他们会陷入无望和迷惘之中。当我们要求他们去思考如何正确拼写时，他们却总是无法克服这一困难。所以我们会觉得他们有点愚蠢。但是，任何一种语言中的任何一个词汇的具体拼法是有其原因的。这一原因可以追溯到远古时期，甚至是在荒蛮时代，从野蛮人那些业已消失的语言中探究根源。对于每个时代的语言使用者来说，要想了解其中真正的奥秘所在，都是很困难的，仿佛这些理由根本不存在一样。所以，大人们要求孩子去思考这些或是运用他们的智力，收到的效果是可想而知的。

事实上，一个单词或组合的发音并不像上面提及的这些例子中那么具有普遍性。但是，上面所举的那些例子还是比较合理的。这几个单词并没有经过特别的遴选，而几乎是完全随机的。英文单词的发音很少只具有一种拼写形式，大多具有多种拼写的形式。

现在，我们以 several different modes 这三个单词为例。在我写作的时候，完全没有想要以它们作为例子。因此，这或许可以被看作一种随机抽取的范例吧。“several”的发音与下面几个拼写不同的单词完全一样：“ceveral”“severul”“sevaral”“cevural”，此外还有其他一些拼写方式。而“different”的发音则有以下的拼写方式：“dipherant”“diferunt”“dyfferent”“diffurunt”以及其他的形式，它们的发音都是一样的。而“modes”亦是如此。根据语言的相似性，可以拼写为“moads”“mowdes”“moades”“mohdes”，甚至是“mhodes”（跟 rhodes 中的 -hodes 发音一样）。

当然，一位出众的演说家能够了解上面具有相同发音的词语的细微区别，并能够掌握其中的不同含义。但就一般小孩所具有的理解能力来说，在“constant”一词中的“-ant”与“different”中的“-ent”等方面，他们并没有什么感知可言。

现在，我们要明白这样一个事实：孩子必须要机械地把这些单词记住，没有任何捷径可以引导他们正确地掌握发音相同而拼写不同的单词，或是如何从相似的拼写上做出简单的判断，抑或是从几个相似的单词中看出哪个是拼写正确的。孩子每天花多长的时间在这项学习上，我们只要稍微想一下就可以明白。我们都殷切期望着，在孩子十二至十五岁的时候，可以正确地书写一万到一万两千个单词。如果我们充分考虑到了这一点，那么，作为父母就不必为发现下面这样的事实而感到沮丧：自己十二岁或是十四岁的女儿拼写的单词中只有三四个单词正确。相反，父母还应该感到高兴和满意。倘若我们只是因为孩子的错误拼写而责备他们，会让他们感到羞愧。没有什么比这更让他们感到心灰意冷的了。

千万不要嘲笑孩子

在孩子掌握知识的过程中，他们犯错误时会遭受到指责和斥责，这会让他们感到无比沮丧。而实际上，在很多时候，他们所犯的绝大多数的错误都会成为大人指责、嘲笑的对象。这种教育方法给孩子带来的后果是可以持续终生的。对于天性比较敏感的女孩来说，更是如此。在很多例子中，我发现了一些特别的情况，对于那些还没有完全了解学校的影响的女孩子而言，她们害怕犯错，害怕自己被认为是“愚蠢”的人，这种心态会阻碍或延迟她们取得进步。与其他的因素相比，正是这种做法压制了孩子学习的天然热情，也摧毁了他们在前进中所能获得的各种乐趣和勇气。

真正愚蠢的可能恰恰是父母自己，我们在指责或是嘲笑孩子犯下的愚蠢错误的时候，可否想过这样做是一件多么狭隘，甚至是近乎残忍的事情呢？我们要清楚，假如因为这样做使孩子在心理构造方面形成了任何不足，这都不是孩子的错。至于孩子所拥有的天赋，也不是他们自己可以控制和决定的，而是由孩子自身大脑系统组织功能的状态决定的。这一切假如有什么不正常的话，都不是孩子自身能够改变的。这些缺陷或许会表现在面部特征上，可能是先天性眼盲或耳聋，或是身体其他部位的缺陷。任何有缺陷的孩子都应该得到父母和老师的特别关照和爱护。如果他有点近视，可以让他坐在教室前面尽量靠近黑板的位置。如果他的听力不好，就可以让他的位置离老师近一点。在其他的情况下，我们也应该采取相应的措施。如果你认为他有不足的地方，就应该友善地给予关爱，尽可能去鼓励他。因为，只有依靠家庭和学校持续不断的关爱，才能弥补孩子在这些方面的缺陷。在其他事情上，小孩的监护人应该清楚地意识到，孩子所犯的错，到底是出于坏的意图还是一般性的习惯。其实，他们给我们造成的麻烦，在很大程度上都是由于不成熟的心智所致。无论是在植物的培养、动物的饲养或是与人类的心灵交往时，我们都应该对那些还处于萌发阶段的事物给予最柔和、最细心的呵护和关怀。

13
孩子本性就好动

我们通常认为，孩子是受到自己欲望的驱使而不停地活动，这种想法其实是错误的。他们那样做并不是要达到什么目的，而是体内的能量需要通过一些渠道释放出来，孩子可以在不停地活动中感到一种乐趣和力量感。

A b b o t t

孩子在健康的状态下常会表现出一些看似“非正常”的举动。为了让广大读者更好地理解这种举动的本质，以及应该采取何种正确的方法来处理，我们有必要针对已观察到的孩子的行为做出一些科学的解释。这会让我们更清楚地了解人类在儿童时期的特性。这种特性在所有的动物身上都发挥着极为重要的作用。在科学真理中有一条很根本的原理，我们称之为“能量守恒定律”。这一原理有很多的事实根据。在一种自然的状态下，能量是守恒的，没有能量是会增加或是被毁灭的，而只是改变了存在的形式。没有任何一种能量是会被终结的。能量可以通过多种途径转变成另外一种看似不相关的形式，但是两者在数量上是严格相等的。

孩子好动是有道理的

如果我们观察一只在地面上跳来跳去的小鸟，就会发现，它其实是在地面和树枝之间往返上下。一开始，我们会惊讶地发现，小鸟能够一直保持这种持续不断的动作。但是，如果我们能够再仔细观察一下就会发现，小鸟其实是在漫无目的地跳来跳去。它沿着一条小路跳了一阵子，然后又跳上了枝丫；过了一会儿，它又跳回到地面上。然后，它像是发现了草地上有什么好吃的东西似的，“假装”啄着一些东西。然后，它倾斜着头，再缓缓把头抬高，树上的枝叶恰好挡住了它的视线。于是，它马上飞到枝叶上面。在枝叶上，它休息了片刻，叽叽喳喳欢歌一曲。之后，它又飞到地面上，走上一段，停下来，又走一段，又停下来。它环顾四周片刻，好像是在想着接下来该做什么。然后，它突然展翅高飞，嗖地一下飞出了我们的视线。如果你去跟踪它，并在一段时间内保持着这种耐心而仔细观察，我们就会发现，小鸟会继续重复着这种看似毫无变化而永无止境的行为。

有时，我们会猜想，这种行为可以解释为，小鸟所吃的食物包含的能量太少，所以它要寻找一些食物。但是，当我们细想一下就会发现，小鸟表面上啄来啄去，其实只是一个幌子而已。它这样不停地走动，并不是因为它在寻找什么，而只是为了寻找这种行为本身给它带来的乐趣。它不断地跳来跳去，好像用嘴啄着什么，这并不是想要找到自己喜欢的食物，而是它喜欢这种行为本身。

对此，真正合理的解释是，小鸟的食物所含的能量来自植物在生长过程中所接收的太阳能量。这些食物被小鸟吃掉并消化之后，能量就会被存储起来。而这种存储起来的能量必须要有一个释放的出口。事实上，并不是有什么特别的东西吸引着小鸟朝着各个方向跳来跳去，而是由于它体内的能量需要释放。

一头狮子被困在笼子里，不停地走来走去。如果笼子没有让它转身的足够空间，它就会不断地摇动自己的头，从一侧到另一侧。狮子从食物中摄取的能量必须要通过一定的途径释放出来，它的这种行为就是在释放体内的能量。

母亲很少会停下来仔细思考一下，也很少观察那些躁动得无休止跳动的小鸟。但是，孩子却经常会在母亲的休闲或是享受的时间打扰她，这种情景应该是不少母亲都会感到熟悉的吧。她们不能明白，在看起来似乎没有明显动机的情况下，孩子怎么就这么好动呢？对此，她们也无法找到一个合理的解释。所以，许多母亲把孩子的这种毫无缘由、难以理解的行为认定是孩子的错，动辄对他们指责或是惩罚。母亲想通过一些人为的限制来纠正孩子的这种行为。孩子的心智在发展过程中，其内部的能量需要显露出来，孩子的所有肌肉和心理活动都是能量释放的表现形式。如果孩子体内的能量不被释放出去，他们敏感而脆弱的器官结构就可能被摧毁。倘若母亲们能够明白这一点，就不会再对孩子进行限制和约束。我们经常会听到，长期被单独监禁的人，最后的结局都是郁郁而终。从身体能量的角度来讲，他们从食物中获取的能量，必须要在身体上得到释放。但是在寂静和孤独的地牢之中，由于找不到任何释放能量的有效途径，积聚在体内的能量就会对身体起到反作用，导致大脑及其他重要器官的失常，最后让人精神抑郁，直至死亡。

孩子蹦蹦跳跳不是坏事

我们通常认为，孩子是受到自己欲望的驱使而不停地活动，这种想法其实是错误的。他们那样做并不是要达到什么目的，而是体内的能量需要通过一些渠道释放出来，孩子可以在不停地活动中感到一种乐趣和力量。如果孩子真的想要达到某一个目的，就只能把全身的能量专注于一方面。由此可见，他们追求的只是活动本身带来的乐趣，而不是为了达到某种目的。这就是其中蕴含的奥秘。

你给小孩一张弓和一支箭，带他到院子里去尝试一下射箭。如果你没有指定什么目标，他就很可能会向空中随意地射出这支箭。但是，如果你给他一个目标，他就会把注意力集中到目标上。这个目标可以是远处的一个风向标，也可以是树上的苹果，或是一枚纽扣，这些都可以成为射箭的目标。倒不是因为他怀着什么目的去射中风向标、苹果或是纽扣，而是因为他体内有射箭的冲动。此时，如果有什么物体可以作为目标的话，就相当于给了这种冲动一个方向。

孩子身上持续不断的肌肉活动也是如此。他回到房间，看见第一个座位就坐下来了，一会儿又坐到另外一个座位上，再到另外一个座位，直到他把房间里的所有座位都坐了一遍才罢休。这并不是他特别想要坐某一个座位，而只是因为他想移动一下，而碰巧座位又在旁边，这无疑是给了孩子这种移动的冲动一个方向。如果他要出门走走，可以打开门走到街上，也可以翻越院子的栅栏来到大街上。如果他的眼前有一堵爬起来有难度的墙，他不会绕过去，而是要爬过去。同理，孩子尝试爬上一根柱子，或是执意要匍匐翻过有点儿陡峭的山坡等，这些行为并没有什么特定的动机和目标，而只是纯粹地想要锻炼一下身体，发泄一下能量。

换句话说，他们所做的事并不是为了其中的目的，而只是为了“做”这种行为本身，纯粹是为了做而做。

但是，许多父母却不明白这个道理，总是一味地问以下这样愚蠢的问题：“乔治，你为什么要翻过那个栅栏？旁边的门开着，你可以轻松地走出去啊。”“詹姆斯，你在爬树的时候，会得到什么好处吗？那里连一个鸟巢都没有。”“露西，是什么让你整天跳上跳下，到处乱跑？你为什么就不能找好座位，静静地坐下呢？”……假如这些孩子明白上面所说的原理，可能会这样回答：“我们爬栅栏并不是因为想到栅栏的另一边，我们去爬山也不是为了要到达顶峰，我们整天走来走去也不是为了要去某个地方。我们这样做只是因为要消耗体内的能量，而这些行为又是最容易消耗能量的方式。”

存储在食物中的能量在人体中通过一系列重要的过程得到消化，然后通过不同的途径释放能量，发挥作用。这可以概括为以下几个重要方面：第一，维持体温；第二，肌肉的收缩及四肢的运动；第三，维持大脑及与神经系统相连接的心理行为。其中，最后这一点对于我们人类来说仍是一个巨大的谜团。但是有足够的证据可以证明，在人类的神经系统中，心理活动是会消耗许多能量的。比如，当孩子正在玩耍时，我们却突然让他找个座位坐好，他就会感到特别的难受。因为他体内的能量正在不断地催促着他“找些事来做”。但是，他在那里静坐时，如果我们给他讲一个有趣或是激动人心的故事来吸引他的注意力，他就会像一个木桩似的坐得纹丝不动，直到故事结束。在这些例子中，体内的能量所带来的那种冲动消退了。也就是说，故事让孩子的情感和思想处于一种兴奋的游戏状态，而这也在一定程度上解释了我们上面所讲的观点，即尽管我们还没有了解整个过程，但是人们已经广泛认同了大脑和神经系统可以消耗从食物中获得的能量这一观点。

在面对孩子无休止的躁动行为时，父母或者老师应找到更好的应对策略。他们会逐渐掌握以下几条实用的原则。

引导孩子行为的实用原则

1. 永远不要因孩子的躁动而责备他们

在小孩吃早餐之后，随着能量的吸收，他就会变得躁动起来。如果父母抱怨孩子这一点，其实就是不想让孩子健康快乐地成长。父母让孩子吃东西，却又限制他们吃完东西之后的行为，这就好比一位工程师关闭引擎，关闭安全阀，同时却继续把煤不断地倒在锅炉里。工程师所能预想到的最小的损害后果，就是机器的各连接处不断发出巨大的响声。其实，只有通过这些松散处的活动才能让一部分被“禁锢”的能量释放出来，以免造成可怕的灾难。

在学校学习的时候，孩子们会窃窃私语或是玩耍；在家里，他们会制造噪音或是无故地动怒。十有八九是因为他们体内剩余的能量，这是能量在释放时发出的“响声”，而不存在其他的问题。

总之，我们必须尽可能去赞赏并鼓励孩子的这些行为，而不是一味地责备和压制。我们所要做的，只是防止孩子以错误的途径去释放这些能量，以免给别人造成伤害或是带来不便。即使孩子原来的能量释放途径不正确，我们也绝不能通过呵斥的方式来让孩子改变，而是应该给予引导，为他们开辟一些更好的途径。

2. 鼓励孩子的活动，并在他们玩耍的时候给予指引

我们不能从中期望会取得什么积极的结果，这样做只是要促进孩子身体的健康发育。我们只能在一个极为有限的范围内，期望小孩的行为会取得积极有效的结果。要想达到这一目的，需要孩子长期不懈地坚持，并不断做出相同的努力，即通过同一种器官组织的持续行动来消耗能量。我们都明白，在动物整个身体系统处于形成和发育阶段时，只有短时间内的运作才不会让它们感到疲倦。这就需要那些尚处于发育阶段的动物不断地改变行动以及行动的方式，或者是休息一阵子。

一位四十岁的农夫，身体的器官组织都早已发育成熟。在砍了一天柴之后，他仍然没有感到一丝疲倦。晚上回到家之后，他在火炉旁静坐了三个小时，专心致志地想一些事情，也许是关于管理农场的细节，也许是为明天做打算。通过白天连续几个小时的肌肉运动释放能量之后，他的肌肉此时正处于一种休息的状态。在接下来几小时的大脑运动中，他身体中剩余的能量找到了另外的发泄途径。

但是，对于孩子来说，他们的行为方式在每隔几分钟之后就必须转换一下。在经过五分钟的肌肉运动之后，他们就会感到疲倦。如果有五分钟的休息时间，他们会感到很满意。如果他一个人去坐摇摆木马，玩一会儿就会感到无趣。他会走到你的跟前，要你给他讲个故事。在听故事的过程中，他的肌肉得到了放松，而能量则继续通过大脑组织的活动得到消耗。如果你的故事太长，他的大脑也会因此感到疲倦。为了继续消耗能量，他们本能地把身体的能量转移到肌肉运动中去，于是他又要到处活动了。

如果他在玩摇摆木马的时候，周围还有许多伙伴一起游戏，他似乎会将这种身体活动维持一段相对长的时间。实际上也确实如此。因为他会不断地停下来和同伴说话，让他的肌肉得到短暂的休息。而在谈话的过程中，能量又从大脑的思考活动中得到了消耗。

我们不能因为孩子的行为看上去变化无常就去责备他们。对孩子来说，不断变换行为方式是一种需要，这也决定了他们不能通过单一或是持续性的活动来消耗能量。因此，不能妄想让孩子从玩耍中取得积极有效的结果。

3. 父母和老师的计划、安排必须符合孩子的行为规律

在了解了孩子的心理法则之后，我们知道，对孩子的任何行为，特别是心理活动的限制时间，必须是短暂的。他们必须通过不断地变换身体的活动方式或是心理的活动方式来释放能量，这其中夹杂的情感也是会不断变化的。因此，对孩子这些行为的容忍，是一种必需，而不是对他们的一种放纵。玩耍的地位必须要提升到与学习一样高。这不仅适用于年轻人，同样适用于所有年龄段的人。在我们国家的最高学府确立了一些合乎人性的条例，这些条例为学生弥补了这一点。但是，母亲常常对孩子这样的行为感到不解，因为她们对孩子这样做的意愿和必要性一无所知。而要实现这一目标，一个最安全、最适宜的途径就是让孩子可以全身心地释放出自身的能量，同时又不给别人造成不便和伤害。当然，这不仅需要母亲充分发挥自己的聪明才智，也需要母亲在执行时保持小心谨慎的态度。当母亲明白自己的孩子不断地活动，甚至有时喜好喧闹或发出噪音，这些都是孩子的正常表现时，她将会深受启发：孩子发泄这种日渐积累的能量的行为不应该被指责和限制，而是应该得到指引。

14

孩子的想象力

孩子越小，他们就越受制于想象的力量，他的心灵就越容易通过一些渠道受到大人们的影响。在他们还年幼时，是难以区分真正存在的事物和他们心灵幻想出来的鬼怪的。只有当他们的阅历变得丰富，加上认知能力有了较大的发展之后，他们才会渐渐明了两者之间的界限。

A b b o t t

在上一章中，读者可能会获得这样的暗示：人体内产生的一部分能量是可以通过肌肉的活动、大脑的思考或其他的心理活动得到释放的。

现在，所有的有识之士都已在这一点上达成一致：在与具有生命物质的系统相连中，心灵以一种神秘的方式，通过物质器官来完成某一心理行为。例如，我们都知道，情感就是通过感觉器官来形成一定的印象的。要维持这些心理器官的活动，我们就需要消耗一定的能量。

人们一直抱有这样的想法：心灵不仅可以通过物质器官来记住或是形成想象的画面，还可以对光线和声音产生感觉。情感和思想是否具有认知能力而能够独立存在？思想和感觉是否具有无形性？这些功能在特定的情形下所具有的性质遭到了人们的质疑，但是这些功能并不会因为人们的质疑而受到影响。

父母要努力使孩子的想象力之树茁壮成长

如果这是一个正确的结论，将会让我们对以前难以解释的一些事实有真切的认识和了解，如儿童在玩耍时的心理状态；他们天马行空的幻想以及各种自欺欺人的想法；他们在听到一些惊奇或是不大可能发生的故事、发音古怪的字母或单词时获得的乐趣；他们好动的性格和爱扮演一些人物（将没有生命的物体拟人化）的兴趣；他们喜欢超脱于物体本身之外，在脑海中创造出只有他们自己才能想象和理解的事物。这些都是尚处于初始阶段的功能，因为他们感知到了存在的事物，从而获得了一种雀跃和快乐。这就如同肌肉运动及其他的行为，都是源于消化的食物中所具有的能量，然后受此驱使而产生的。因此，在孩子心理行为的活动中，与玩具娃娃的对话，自己想出来一个不大可能的神话故事，把木马当作奔腾的骏马，等等，这与很多处于成长期的动物（小羊或是小牛）四肢肌肉运动时产生的愉快感觉是很相似的。正是这股能量让他们体内的一些器官产生了越来越重要的作用。这股能量在任何能够满足释放条件的器官之间不断流动。正是这种流动使身体的各个机能得以正常运作，处于一种各司其职的状态。

我们在看这个问题时会发现，许多孩子表现出让我们惊叹的能力，有时甚至超出我们的理解范围。例如，在谈到人类最高级的功能时，一般人想到的会是人的想象能力。如果按时间顺序来排，这种能力应该在心智完全发育成熟之后才会展现出来。而事实上却并非如此，这种能力是最早出现的。孩子几乎生活在一个理想的世界，他们的悲伤、快乐、恐惧在很大程度上是由一些幻觉或是影响来决定的。这些幻觉和影响是因为他们与周围事物的关系不密切而产生的。而事实上，他们自己所感知的事实要比事情本身的原貌对他们产生的影响更大。

诚然，在一个适度的范围内，孩子越小，他们就越受制于想象的力量，他的心灵就越容易通过一些渠道受到大人们的影响。在他们还年幼时，是难以区分真正存在的事物和他们的心灵幻想出来的鬼怪的。只有在阅历越来越丰富，加上认知能力有了较大的发展之后，他们才会渐渐明了两者之间的界限。但想象力并不是在我们身心发育成熟时才会显现，而是在很早的时候就已经存在。心灵的发展让孩子认识到现实中的那些玩具娃娃并不是一个个活生生的、可爱的东西，而是一个与想象中完全不同的东西。现实和想象的交织以无数种不同的方式呈现在这个小家伙面前。

我们要做的，还应该珍视在他们能力范围内所能展示的最美好的行为。也就是说，通过这些与身体持续不断的联系，孩子的心灵功能会不断地完善，不断地发展，并最终成熟。同样，通过合理的锻炼，肌肉也能达到这种程度。

从这些事实中，我们可以看出，对孩子这些尚处于萌芽阶段功能的发挥，父母应感到高兴和鼓舞。他们可以通过建立一些途径来接触并最终影响孩子的心灵，特别是通过发挥孩子们丰富的想象力这一途径。当我们适当利用这一点，就会发现在传授知识时，这种力量甚至能够发挥出一种魔力，这确实充满了吸引力和诱惑力。父母在教育小孩的过程中，假如一直都采用直白、单一的形式，孩子将会对此感到无聊、枯燥。这里阐述的要点可以通过下面一些例子得到证明。

父母促进孩子想象力发展的几种方法

母亲可用的一种最早、最简单的方法，就是与图片中那些代表着人物甚至是动物的形象展开对话，使孩子的想象力得到充分发挥，这会让他们感到很高兴。孩子坐在母亲的腿上，她拿一幅画给孩子看。我们假设，画的内容是一个小女孩手中捧着一本书。母亲可能会编出这样一个故事——

“我的小女孩，你要去哪里啊？”

“我要去上学啊。”（母亲换了一种代表女孩的声音和语调）

“啊，你要去上学啊！你看起来年龄还很小啊，没有到上学的年纪啊。你在学校里的同桌是谁啊？”

“乔治·威廉姆斯。”

“乔治·威廉姆斯？他是一个好男孩啊，而且对你很好。有他做你的同桌，你一定感到很开心吧。”

就这样，只要孩子还有兴趣继续听下去，母亲就可以这样一直编下去。

母亲还可以编出这样一个故事。

“我的小女孩，你叫什么名字啊？”

“我叫露丝。”

“这是一个很好的名字啊！你住在哪里啊？”

“我住在树下的房子里。”

“啊，我看见那房子了。你的房间在房子的哪个位置呢？”

“窗子打开的那间就是我的房间。”

“我看见了。那在你的房间里都有些什么东西呢？”

“在我的房间里，有一张床，窗前有一张桌子，桌子上摆放着我的娃娃。还有一个专门用来装娃娃衣服的摇篮。我还有……”

母亲可以按照这样的方式继续讲下去，详细地描述露丝房间内的各种东西。这会让她眼前的这位小倾听者感到兴致勃勃，内心愉悦。

对于一些尚处于萌发阶段的大脑器官组织来说，上面这些都是很有趣的尝试。这样做，可以在孩子的脑海中形成一种不自觉的想象，想象母亲描述的不真实的场景。对于孩子而言，这是他们乐趣的来源之一。

孩子在看着一张动物图片时，脑海中可能会想象出一连串有趣的对话，他可以从中感受到乐趣。母亲通过讲故事这种方式，或是其他不同的途径，可以使孩子的心灵机能重新处于一种积极运行的状态。例如，母亲拿着一张带有松鼠的图片说——

“这是一张小松鼠的图片，我要问一下它住在哪里。小松鼠，小松鼠，停一下好吗？我想跟你说几句话。你可以告诉我你住在哪里吗？”

“我住在洞穴里面。”

“你的洞穴在哪里呢？”

“在后面树林的那块大木头下面。”

“哦。”母亲开始对孩子说，“我看见那块木头了，你看见了没有？用你的手指去摸一下那里。”

她又换成对小松鼠讲话的语气：“小松鼠，那里应该有一个洞穴啊，但是我看不到啊。”

“不是那个啊。我指的不是你在图画中能够看到的任何洞穴。我把它挖在地下隐蔽的地方了。”

“我希望能够看见它，更希望能够到你的洞穴中一看究竟，看看里面都有些什么东西。”

“小松鼠，你在洞穴中都藏了些什么东西啊？”

“在那里，我有一张桌子，还有我的小松鼠儿女。”

“你有几个小孩呢？”……

就这样，只要孩子还感兴趣，母亲就可以一直讲下去。

显然，这种类型的对话采取的是间接的形式，但是可以在许多问题上给孩子以教育。而利用这种有效的方法也可以培养和树立孩子的责任感。对母亲来说，这是一种相对容易和简单的方式，而对孩子而言，这是充满吸引力的过程。

小孩总会不断地跑到母亲跟前，要求母亲讲故事。但是，如果母亲的手头没有故事，也无暇去编造一个故事。那么，在这种“紧急”情况下，下面这一招可以说是屡试不爽。

“好的，”母亲回应了孩子的请求，“我可以给你讲一个故事，但我要有一张图片，才能给你讲。你现在从书中找一张图片出来吧。”

孩子马上从书中找到了一幅画。其实，不管孩子拿来的是什么图画，一个心智正常的大人在看见一幅画的时候，一定都能说出几句逗小孩子开心的话。举一个极端一点的例子吧。假设在一幅图片中只画着一个邮筒，而旁边空无一物。你可以这样想象，在邮筒后面躲着一个男孩。然后，你可以问他问题，从他口中得到回答。你还可以问他在玩什么游戏，在躲谁，他的朋友还有其他的玩法吗。或者你也可以直接向邮筒发问，问它从何处来，是谁把它放在那里，为什么要放在那里……像这样的对话，不仅可以让孩子感到暂时的快乐，同时也让孩子的好奇心得到满足。在这一过程中，他还可以获得许多有用的信息，这将有助于他身心机能的发育。

或者，你也可以问一些例如邮筒是否还有什么远亲之类的问题。它可能回答说，自己还有许多“表弟”“表妹”啊。有一些“表弟”住在城市，人们称其为“照明柱”，它的任务就是为过往的路人提供灯光。邮筒还有一些高高矗立着的“表妹”，它们高举着通信电线，让信息可以从世界的一个地方传到另一个地方。就这样，母亲可以不断地将故事编下去。如果父母们对这么一个单调的邮筒都能进行这样大致的、轮廓上的描述，那么无论小孩拿出什么样的图画，父母都能从容应对，而不会束手无策。

将无生命的物体拟人化

许多母亲会马上意识到，任何无生命的物体都可以用这种方法来进行拟人化，所以任何没有生命的物体都可以被说成是有生命和智慧的物体。我们假设，你的孩子生病了，有点儿发烧，这让他感到焦躁不安。你在为他整理衣服时，衣服上的针不小心刺了他一下。这一刺使孩子原本就敏感的神经系统受到刺激，孩子感受到的痛感让他变得更加恼怒和暴躁。在这个时候，如果你告诉他不要暴躁，没有必要去理会这个小小的针，这样的劝告几乎是没有用的，定会收效平平。你可以用前面阐述过的那种方法去做。

母亲可以说："针刺到你了吗？我会把这个该死的小浑蛋给找出来。我要看看它是如何为自己辩护的。啊！我找到它了。我会紧紧地握住它，放在腿上，让我们听听它有什么话要说。"

"我的小刺针，告诉我，你叫什么名字。"

"我叫大头针啊！"

"你叫大头针，对吗？你的身体好亮啊，你是如何让自己变成这样的？"

"哦，是人们在制造我的时候，把我变得这样光亮的。"

"嗯，那人们是如何把你制造出来的呢？告诉我们吧。"

"他们是用机器把我制造出来的。"

"机器？！这听起来好有趣啊！他们是怎样用机器把你制造出来的？"

"首先，机器会把一段很长的金属线截断，在机器的不同构件里，进行不同的加工工序。我被弄得笔直，难道你没有注意到我的身体很直吗？"

"是的，你的腰板儿的确是挺直的。"

"然后，我到了另一个工序，他们把我的头截掉；再到另一个工序中，他们把我的针头磨得尖锐。然后，我就被抛光，最后镀上了一层美丽的银白色，使我显得亮亮的。"

这样的对话，如果母亲愿意，可以一直编下去。她还可以讲述大头针经历了一系列奇遇，最后才出现在孩子的生活中，而它还要为扎到这个可怜的小家伙而负责呢！在孩子生病时，母亲的这种做法更能安抚这位小病人紧张不安的神经，让他的心灵恢复到一种镇静和休息的状态。而有的母亲则采取一种赞扬孩子的耐心和好脾气的普通做法。相对来说，前一种方法的效果可能会更加有效。

这里提出的建议，有些母亲可能会草率看待。但是如果不能果断、持续地运用这些方法的话，它们将在多大程度上让孩子享受到快乐，这种实际价值母亲可能是无法得知的。其实，假如母亲能够努力去做尝试的话，她一定会发现，在她做了第一次尝试之后，她所受到的鼓舞将会使她不断坚持下去。

更为重要的一点是，孩子是无法仅靠母亲的凭空想象来获得愉悦的，所以一定要将母亲的想象融入孩子的所思所想之中。如果你的女儿正在把玩手中的玩具，你可以暂时停一下手中的工作，然后当着孩子的面，以一种严肃而认真的方式向玩具讲话，把玩具看成一个有情感、有生命的人。如果你的小儿子正在花园里骑木马，而你正在整理花园，你就可以认真地问儿子，他最欣赏马的哪一点，是否愿意把它卖了，马是否会咬人，马是否曾从牧场中冲出来。或是告诉他，骑马的时候不要太快，在马的体温较高的时候，不要给它喂燕麦等。孩子马上就会以一种最认真的态度参与这一谈话。因你维持了他的这种幻想，所以他玩耍时得到的乐趣也得到了大大的提升。

运用这一方法，可以暂时增加孩子所感受到的快乐。这种方法可以使你走进孩子的心灵，虽然这种“走进”只能持续很短的一段时间。但是，这种方法将有助于在你和孩子的心灵之间建立起一种更为牢固的感情和认同的纽带。与其他方法相比，这种方法可以让你和孩子联系得更加紧密。事实上，在许多例子中，一些最重要的道德课程的开展都采用了这种与孩子的幻想相连的方法，这确实是一种很合适、很有效的方法。

对那些在孩子面前没有权威，而又需要对孩子施加影响的人们来说，如果他们能掌握利用孩子想象力的方法，收到的效果将是难以估量的，而材料更是取之不竭。还有许多母亲仍在沿用老一套的教育理念，坚持棍棒出孝子的腐朽观念，但实际上这是不会让孩子顺从的。她们会惊讶地发现，一些叔叔、阿姨、哥哥、姐姐，甚至是暂时的来访者，却可以通过一些看似轻柔、默默无声乃至无法察觉的方式在孩子心中树立起了权威，这在她们眼中是充满神秘、魔幻性质的。实际上，在很多情况下，与孩子的父母相比，这些来

访者在孩子心中是没有什么实质性的权威可言的。他们本着一个好的出发点，为孩子的幸福和快乐着想。在这个时候，有些母亲会忍不住地问：“这其中究竟有什么奥秘呢？你从不惩罚、从不责备孩子，但是他们却更听你的话。”

许多不同的方法可以相互结合着使用，以求在孩子心中建立起权威。在这些方法中，运用孩子的想象力可以说是最重要的方法之一。

玩具：启发孩子的想象力之桥

一位年轻的女教师在从学校回家的途中，发现几个孩子在院子里玩耍。但是他们因为玩具娃娃而卷入了一场激烈的争论之中。在这种情况下，许多父母的第一反应是让孩子闭嘴，然后好好地教训他们一顿。大多数母亲会采取一种友善而柔和的态度和方式去责备他们，告诉他们这样的争吵是愚蠢的，告诉他们根本不应该为这件事而争吵。同时，母亲们还要告诉孩子，由争吵引发的愤怒情绪是会令人难受的，纵容这种愤怒是愚蠢，也是一种罪恶。

在这种情况下，母亲的这种友善、柔和的责备，无疑是正确的选择。在这之后，孩子至少不会像以前那样习惯性地被卷入类似的争吵之中。随着时间的推移，母亲的这些忠告不断地重复，孩子的这类错误就会慢慢地减少，直至消失。但是，在最初时，孩子却无法接受母亲的这种做法，他们会感到很不是滋味，可能会带着闷闷不乐的情绪静静地听着母亲的说教，即便母亲是在以友善、亲切的方式给予他们忠告。

但是，我们也可以不用这种直接的、近乎赤裸的方法来处理这件事，那么收到的效果也许会更好。前面说到的那位老师就是利用孩子的想象力，间接地给予了孩子忠告和责备。她通过孩子手中的玩具娃娃达到了这个目的。她把娃娃拿在手里，问孩子娃娃们叫什么名字，然后又问这两个娃娃的“母亲”是谁。孩子们告诉她，这两个娃娃的名字分别是贝拉和阿拉米塔，而它们的“母亲”则分别是露丝和玛丽。

“我要问一下阿拉米塔。”老师把叫阿拉米塔的娃娃放在跟前，然后开始想象，与它进行一段很长的、天马行空的对话，虚构的程度则主要取决于老师的才能和创造力。但是，需要注意的一点是，老师虚构的这个故事，一定要能够完全吸引孩子们的注意力，占据他们的心灵。她问了每个“娃娃”的名字，还有它们的“母亲”的名字是什么。“娃娃”在回答的时候，手指着自己的“母亲”。老师这样做，是要在孩子的心中树立起这样一个概念：这些玩具娃娃是有生命的物体，它们也要为自己的言行负责。

这位老师可以继续讲下去，以一种潜移默化的方式，告诫、教育孩子们这种争吵是错误和愚蠢的。我们会发现这种方法可以对孩子的心灵产生更加有效的影响。尽管这位老师可能会严厉地指责娃娃，但是实际上受教育的孩子却不会因此产生任何不安的情绪。我们之所以说上面这种方法行之有效，是因为老师总是以一种妙趣横生的方式为他们讲故事，她并没有引起孩子内心的不满和愤怒。

让我们看一看这位老师到底是怎么做的。

“你们真的很漂亮，”这位老师对娃娃说，“你们看起来真可爱。”

然后，她转过头面向孩子，以一种秘而不宣的低沉语调问道：“它们俩会不会互相争吵？”

“有时会的。”其中一个孩子说。听到孩子的话之后，老师马上“顺水推舟”。

“哦！”老师转过头面向娃娃，“我听说你们有时会争吵，我听到之后感到很难过。这是很愚蠢的做法，只有那些傻乎乎的孩子才会这样做。我从来没有想到像你们俩这样乖的孩子居然也会这样。以后你们要相互宽容、彼此友善。如果你们其中一个人对另外一个人撒谎，你们也不要争辩，就让它随风而逝吧。假如你们为此争吵，那是愚蠢透顶的。同样，如果你们俩其中一个人拥有对方没有的东西，另一个人最好慢慢地等待，而不要为此争吵。争吵是让人很讨厌的事，当小孩子争吵的时候，他们看起来就像发怒的小狮子，这会让原来可爱的孩子变得丑陋起来。”

这位老师可以继续说下去，以略带嘲弄的语气给这两个娃娃上一堂长长的道德课。孩子们则会很认真地听着这些。与直接批评的方式相比，这种方法显然是技高一筹。

事实上，在整件事中，这种带有游戏性质的方法会使孩子的心灵处于一种能够接受建议的状态。在这时，即使是很直接的劝告也会变得较容易被孩子接受。就像这位老师采取的方法，在结束的时候，她以同样严肃的语气作为幌子，对孩子说：“这对你们来说真的是一个很大的难题啊，十分大的难题啊。你们会发现争吵这个缺点是很难改正的，所以，你们在这个问题上必须要给它们俩更多的建议。而最重要的是，你们作为它们的‘母亲’，首先一定要做出好的榜样。孩子总是愿意模仿母亲的行为举止，而不管这些行为的好坏。所以你们要能够保持彼此友好、相互关爱的关系，如果这种关系恶化了，它们也会效仿，关系也会恶化。”

在说完这些建议之后，一位精于观察的母亲会发现，孩子对玩具娃娃所表现出来的兴趣以及对待娃娃的“现实感”，无疑为母亲向孩子的心灵施加影响打开了一扇无比宽敞的大门。

【家教实例 I 】用篮球来培养孩子的细心

善于教育孩子的父母，可以利用孩子丰富的想象力来培养孩子的道德观念并影响他们的行为。

我们假设，一个男孩有了一个新的篮球。当他正准备出去玩时，爸爸从他手中把球拿了过去，然后仔细检查了一番。爸爸把球转了一圈，仔细地观察球的表面，随后把球放到自己的耳旁。孩子就会问爸爸在做什么。

"我在听这个篮球在说些什么。"

"那它都说了些什么？"

"我问问它。"说着，爸爸再次把球放在耳旁。

"爸爸，它说了些什么？"

"它跟我说，它要远离你，而且还要躲藏起来。它说你一定会到附近的一些建筑物周围玩耍。它的意思是，当你打球的时候，它可能会撞到窗户，打碎玻璃。这样，人们就会将球从你手上拿走。"

"但是，我是不会在靠近窗户的地方打球的。"

"它说，无论如何，你都会在附近的一些建筑物周围打球。当你打球的时候，它就可能飞到屋顶上或是落入烟囱里，当然，也有可能掉进下水道里。"

"爸爸，我决不会在附近的建筑物周围打球的。"

"但你还是会在一些有坑洞的地方，或是在附近茂密的树林玩球，这样，可能就会找不到球。"

"爸爸，我向你保证，决不会在那些地方玩。我一定会事先好好检查一下地面，在没有任何危险的地方打球。"

"好的，我们拭目以待，但是，这个小家伙看来是铁了心要躲起来。"

男孩从父亲手中拿过球，自己出去玩了。

父亲的这种教育方式，无疑会让男孩在打球的时候更加小心谨慎。

【家教实例Ⅱ】老师与难劈的木头

有几个男孩正在锯一块木头，然后用来生火。在休息的时候，一位老师去看男孩子们的进展如何。他发现男孩们选择先劈容易劈的木头，而将那些难劈的木头搁在旁边。老师问他们为什么这样做。男孩们说他们没有能力将那些木头劈开。

“是的，”老师看着那些木头说，“我不会怀疑这一点，我之前见过这块木头，它的名字叫老当益壮。它说它一定不会让一群小男孩把自己劈开的，即使你们用木槌也不行。只有一个真正的男人才能把它劈开。”

几个男孩听了老师的话之后，神色严肃，看着这块木头。

“它真的这样说吗？”一个男孩问，“乔，让我们再试一次看看。”

老师说：“这是没用的。除非它自愿，否则你们是绝对不会劈开它的。在木头里还有另外一种东西，叫坚不可摧。如果你能够破开到那一层，你们就会发现那里全是错综复杂的裂片。把它劈开的唯一方法，就是要用一把极为锋利的斧头。但它的质地是那么坚硬，我想你们是没有这个能力把它劈开的。它说过了，它一定不会向一群小孩低头的。”

说完之后，老师就走开了。过了没多久，一个男孩就跑去叫老师过来看“老当益壮”和“坚不可摧”——它们已经完全被劈开了。男孩们站在劈好的木头上，脸上洋溢着胜利的兴奋和喜悦。

心理的活动可以缓解肌肉疲劳

姐姐正在与四岁大的约翰一起散步。约翰一路上忙着采集花朵，追逐蝴蝶，在离家还有半里路的地方，约翰感到疲惫不堪，他回到姐姐身边，说自己再也走不动了，语气显得疲倦而无奈。他希望姐姐能够背他回去。

姐姐说：“我不会背你的。但我会告诉你我们将要怎么做。在到达一个‘客栈’的时候，我们将停下来休息。你看到大路转弯处凸出来的大平房了吗？那就是‘客栈’。你就是我的信使。一个信使的任务就是骑着马，全力前行，去通知客栈的主人，有旅客要来了，要他们准备好丰盛的酒菜来款待客人。所以，你应该尽快地跑到那里。当你到达那里的时候，你就可以告诉客栈的主人，公主马上就要驾临了，让他们一定要准备好晚餐。”

约翰听到姐姐这样说之后，飞快地往前跑，然后早早地等在那里。当姐姐到达后，两个人休息了一下。姐姐编造了一段与客栈主人的对话，约翰听后感到非常高兴。然后，他们又往前走了。“现在，你必须继续当我的信使，把这封信送到‘邮局’那里。你看见前面那个栅栏了吗？那里就是邮局，栅栏的裂缝就是邮箱口。”姐姐从口袋里拿出一些废纸，并将它们折叠成信封的模样，“把这封信送到邮箱那里，然后你就可以同邮递员讲话，让他尽快把这封信寄出去。”

在这种情形下，除非约翰真的已经筋疲力尽，否则，他的疲劳感会很快就消失的。他不仅不会对此有任何的怨言，而且会感到十分快乐。有人将这种现象解释为，身体中的能量通过神经系统直接作用于肌肉；当已经传达的能量耗尽之后，感觉和想象的器官又以一种神秘的方式传来了新的能量，实现能量的补充。

上面这些小例子，都是为了说明这些原理是可以通过很多种方式实现的。而无论是对父母还是对老师来说，掌握这一方法就可以产生积极有效的结果。但是，人们必须在实践中才能真正掌握我们在这里讲到的一些原理。本章所做的总体概述，也只不过是提出一些意见，让广大读者更容易迈出第一步。

15
真话与假话

父母决不能因为孩子心智发育不成熟，辨别是非的能力还较弱，就对他们所犯的错误予以纵容，降低对他们的要求标准。因为这会在他们的内心形成这样的观念：说假话并不是什么大不了的事情。有些孩子还会认为，在某些极端情形下，说假话也是可以被理解和允许的。

A b b o t t

在对这个问题进行认真审视之前，我们会认为，对人讲真话，是世界上最简单的事情。但是，当我们发现孩子根本做不到诚实时，我们会感到惊讶，觉得他们存在某些道德问题。但是，倘若我们稍微认真地思考一下就会发现，事实并非如此。我们会问，什么是“要尽到讲真话的责任”？其实很简单，就是我们有责任让自己的言语和它们所预指的现实相互吻合。当然，这只是一个大概上的说法而已，也会有例外的时候。但是，出现这种例外情况的“准可条件”又非常的复杂和难以理解。如果孩子对此能有足够的认识，那实在是父母的一大幸事。

让孩子讲真话是父母的责任

当孩子第一次学会运用语言时，他们会惊讶地发现，原来，他可以使用语言来指代他看见的任何外在事物，或是用语言来描述在他脑海中闪现的念头。他会发现，语言器官形成和发出的声音，也具有相当的威力。也就是说，语言可以指代现实中和虚构中的东西。所以，当他说出“我看见一只小鸟”这句话的时候，这其实可以是描述他脑海中的一个念头，也可以是描述确实存在的实体。但是，受到自己的本能、直觉和有限的道德感的限制，一个孩子很难分辨出自己所说的话，在什么时候是适合的，在什么时候又是错误的。

事实上，孩子自己或是其他人发出的声音，在进入他的听觉系统之后，都会唤起一些生动的画面或是闪过一个念头。对他来说，这是一件奇怪而又美妙的事情，尽管他日后会慢慢对此有所觉察和了解。在对此有了逐渐深入的了解之后，孩子会扩大这种行为的范围和方向，为自己带来源源不断的乐趣。人们所说的话或是想到的画面，都要与现实存在的真实相一致、相吻合，这是我们整个社会所要求的，是维系人与人之间的关系所必需的。如果我们不对孩子进行这方面的教育，他们是不可能明白这一点的。

因此，我们既不能要求一个孩子仅凭自己的本能、直觉或是尚处于萌芽阶段的道德感去达到上面的这些“必需的要求”，也不能采取讲道理的方式，让理解力较低的他们接受这一点。但是，即使孩子通过一些途径能够尝试着接受这种观念，他的内心深处还是会陷入困惑之中。因为，就孩子的观察能力来看，他周围的一些人的言行和实际行为可以说是相去甚远的。

什么是真的，什么是假的：孩子真的不明白

例如，一位母亲把自己四五岁的儿子抱在大腿上，为他讲故事来逗他开心。母亲一开始就这样说：“当我还是一个小男孩的时候，就一个人住。我把自己得到的面包和奶酪都摆放在架子上……”就这样，母亲的故事讲完了，她的目的达到了，她的儿子很开心。孩子消化了进入听觉系统的声音，他对母亲所讲的故事表现出极大的兴趣。他的脑海中勾勒出一幅母亲描绘的画面：一个独自生活的小男孩，能够把面包和奶酪放在架子上，最终还能用独轮车把他的“奶奶”送回家……这个故事的结局是独轮车发生了一场灾难。孩子并不能系统地思考这些问题，但是母亲的故事已经在他的脑海中形成了如此鲜明而又奇怪的画面，这让他感到很高兴。

假如，在他脑海中对此有什么不成熟的想法，他会意识到，妈妈的故事在他心中唤起的画面与现实并不吻合，妈妈所说的并不是真实的。他首先会想通的一点就是妈妈不是一个男孩，也从来没有一个人独自生活过，更没有把面包和奶酪都放在架子上。如果他能理解整个故事，他就会明白，独轮车的灾难以及这整个故事，都只不过是妈妈为了哄他开心而编造的。

不久，妈妈给了他一块蛋糕。他拿着蛋糕跑到花园里玩耍，姐姐也在那里。姐姐要他分一半蛋糕给自己。他觉得应该分一半给姐姐，但是他犹豫不决，挣扎了很久，最后决定不把蛋糕分给姐姐，而是自己一个人独享。

当他从花园回到屋子里时，妈妈不经意地向他问起有关蛋糕的事情。他会说自己把一半的蛋糕分给姐姐了。这时，妈妈就会马上露出满意的笑容。其实，他这样说只是为了让母亲感到开心而已。小男孩说的话并不符合事实，而只是一个在他脑海中闪过的念头而已，男孩这样说是为了让他的妈妈感到高兴。所以，在很大程度上，这个例子和妈妈讲的那个故事在意义上几乎是完全一致的。妈妈讲那个故事是为了给孩子带来快乐，而男孩所说的谎话也只是为了要让妈妈感到高兴而已。读者可能会觉得惊讶，把这种观念灌输给孩子绝对不是一种正确和合适的教育方式。

正如上文所说的，孩子这样做的目的是免于遭受母亲的责备，获得本不属于自己的赞扬。我们这些成年人当然可以对孩子这种行为的动机进行比较详尽的分析。我们会发现其中的动机其实是错综复杂的。但是，男孩不具备这种分析能力。他不能对这件事进行分析，也不能理解自身行为的最终目的；他也无法做到当冲动被激起时，从一些复杂的头绪中去找寻一些线索。在上面所讲的例子中，我们可以合理地推测，他脑海中浮现的只是一种本能的认知。正是这种认知让他意识到，如果他说自己一个人把蛋糕全吃了，将会让妈妈皱眉头、面露不悦，甚至责备他。但是，如果他说自己把一半的蛋糕分给了姐姐，妈妈则会马上感到开心、高兴。这是他这种年龄段所能理解和预见的全部。他的心理器官仍处于发育阶段，因此，我们对他不能抱有太大的期望。所以，如果有人问他，在当时是什么驱使他做出那样的行为，他会说，这样做只是想让妈妈感到高兴。至于孩子这种行为的深层动机，或者说是最终目的，确实潜藏得太深了，他自己对此是没有丝毫察觉的。我们成年人也常会因自私这种深藏不露的冲动影响自己的行为，而自己对此却毫无察觉。但是，我们往往会因为孩子的无知而严厉地批评他。

最后，当姐姐走进来时，孩子的这个谎话才被戳穿。妈妈要他对自己这种行为负责，面对妈妈义正词严的态度，他感到震惊和不解。

男孩是如何看待这件事的呢?

尽管这两个例子存在明显的相似之处，但是必须承认，这种相似之处是表面而肤浅的。问题的实质在于，在孩子获得适当的教育之前，他无法准确分辨出在何时何地应该说出什么话，才能与现实严格地吻合，我们不能因此而去责备他。孩子们用语言描绘脑海中呈现的画面是否与现实相吻合，当孩子们不再对这一问题感到困惑时，我们才不能原谅他犯的错。

一位正在与孩子玩耍的爸爸说：“现在，我是一只熊，我要咆哮了。”于是，他就开始学着像熊一样咆哮了。然后他又说：“现在，我是一只狗，我要吠了。”其实，孩子清楚地知道，自己的爸爸既不是一只熊，也不是一只狗。因此，即便是以他的理解力来看，都知道爸爸是在说假话，与事实并不吻合。这是一个无伤大雅的谎话，孩子也能明白这一点。在这种情况下，说假话并不是什么错误。父母应该教导孩子在哪些情况下说假话是可以容忍的，而在哪些情况下说假话是错误的。在这之前，父母是不该因为这些事去责备他们的。

许多父母都会以很多不同的方式讲假话，而且在讲的时候面不改色，趾高气扬，貌似极其真实，这会混淆孩子原先的观念和道德感。例如，一位母亲非常不喜欢一位客人。当她和孩子在一起时，她会表现得非常不满，甚至是厌恶。但当客人到来时，出于礼貌，她又会堆起满脸笑容，说自己很高兴见到对方云云。有时，在一些特殊的情况下，父亲也会通过对事实的一些错误解释，或是以无害的虚假信息来让孩子与自己“同流合污”，一起向孩子的母亲隐瞒一些事实。而有时，母亲也会以同样的方式对父亲还以颜色。这样的教育方式，不可避免地让孩子形成这样的观念：在一些情况下，说假话是情有可原的。尽管有许多有识之士信奉这一信条，但这一信条却会对人与人之间的信任构成致命的打击。因为，当我们知道有人信奉这一信条时，出于某些自己也难以说清楚的原因，我们无法相信别人所说的话是真还是假。

让我们将话题带回到父母身上吧。有的父母在任何场合都不会说出一些与现实不吻合的话。在他们这样的教育之下，孩子还是不能明白，到底在什么情况下说谎话是错误的。直到犯了许多错误之后，他们才会逐渐明白这一点。当然，也有不少人在很小的时候就懂得了这一点。许多例子表明，孩子在接受了这方面的教育之后，对这一责任，以及其他方面所应担负的责任的确比之前有了更深刻的认识。有些孩子会在很小的时候，就对说真话的责任抱有忠诚和严谨的态度。我们也经常会听到有母亲这样说，她的孩子从来都不说假话的。但我们发现没有任何人能说在他们小的时候没有说过假话。

孩子很难区分想象和记忆

孩子会用言语来描述他们脑海中的画面或是想象的事物。但是对于记忆和想象之间严格的区别，他们很难把握。这对孩子来说，又是一个很难解决的问题。其中的一个巨大的困难就是，在孩子看来，现实和他们的幻想之间的界限是很模糊的。这是人们很少考虑到的一点，父母们对此也不甚了解。即使是我们也常会出现将这两者混淆的情况。我们要经常停下来仔细地想一下才能分辨出我们所感知到的心理概念究竟是什么？是对现实的记忆，还是之前就存在于我们脑海中的一些画面的重现；是在很久之前读过或是听过的生动描述，还是自己天马行空的想象？“这是真的吗？还是我梦到的？”我们常常可以听到有人发出这样的疑问。在法庭上，人们必须要对亲眼所见的事实作真实的证词。但是事实上，人们作出的证词却极有可能是他们脑海中存在的另一些画面。可能因为这些画面过于生动、清晰，以至于他们在目睹了类似的事情之后，这些画面就会在他们的脑海中泛起。

脑海中呈现出的画面有时会混淆，我们不应该对此感到害怕。因为我们能够在大体上做出清楚的区分，而自己也不能解释是如何区分它们的。例如，在脑海中回忆起一座房子失火了的场景，消防员爬上楼梯去营救窗前的人们。这一画面的来源可以有以下几种不同的版本：

- 亲眼看到过这一场景。
- 有人给我们生动地描述过这一画面。
- 在写作过程中虚构出来的。
- 可能梦见过这一场景。

我们回忆起的画面可以有以上四种可能的原型。在很多情形下，回忆起的画面，能够让我们立即清楚地辨认出哪一种才是真正的原型。我们的脑海中回忆起画面中的一些东西，是作为之前出现过的画面的重现或重复。这可以让我们分辨出这一画面出现的原因：是我们亲眼所见，还是其他人口头、文字上的描述，抑或是我们在睡梦中的天马行空而已。但要想很精确地说出我们脑海中浮现的画面的原型究竟是什么，却是一件很困难的事情。我们可以轻描淡写地说：“哦，我记起来了。”但是，“我记起来了”只是一句话而已。今天所发生的事情和昨天梦到的事情之间，存在着许多不易察觉的差异之处。通过这些差异，我们得以将它们进行区分。但即便对那些精神学家来说，虽然他们已经习惯了对人类的心灵活动和行为方式进行最密切的观察，但是要想说出其中具体的不同之处也是十分困难的。

父母如何教孩子区别真和假

现在，以孩子为例。他们的感知、感觉功能，也包括认识和辨别观念、情感的不同之处的功能，这些能力都还处于不成熟的阶段。其实，即便对于心智成熟的人来说，分辨出它们之间的不同之处也并不是一件易事，他们也常常会混淆彼此，就好比是一座巨大的迷宫，容易让人迷路。在他们的心灵中，情感、概念、幻想、记忆等，这些都是交错在一起的，并没有尝试要脱离彼此。他们的声音器官不断地受到冲动本能的驱使，所以会不断地发出声音。正是在各种有趣的玩耍中，孩子身体的各个功能器官才得到了不断发展。也就是说，他们从食物中摄取的能量，通过心理和身体肌肉的活动不时地找到了释放的途径。当然，在安排这些行为，并将它们系统化的过程中，要想在身体机能和能量之间建立起真正的关系，就要把能量的消耗控制在一定的范围内。做到这一点需要一个过程。要想取得成效，并不能仅仅依靠孩子的本能和早期的直觉，同样还需要父母的努力和坚持。在这一过程中，父母必须以坚定而又柔和的教育和培养方式给予孩子指引，加上孩子身体的发育与自身经验的积累，就可能取得成效。

如果这些观点是正确的，我们可以大胆地得出以下几个结论。

1. **不能指望孩子从一开始就懂得说真话的责任和义务，以获得大人们的认可**

地板上的两个婴儿，当他们朝着相同的玩具爬行时，不能指望他们会出于自身的本能而把玩具主动让给对方。只有在成人社会中，不同的人承担着不同的责任，人们才会被要求说真话。必须教会孩子说真话。同样地，还要让他们知道正义、平等权利等原则。一般来说，孩子会从自身的经历中学到知识。也就是说，只有在他们违反了这些原则，受到大人们的责骂和批评之后，他们对此才会逐渐有所了解。但是，有思想的父母可以利用自己的知识，以轻松的、更为适宜的方式去教育孩子。

2. 当母亲发现自己的孩子常常说假话时，也没有必要对此感到过分担忧和烦恼

在这种情况下，母亲应当感到，自己必须更为迫切地让孩子了解责任的意义，并教他们学会承担责任。

3. 父母不能因为孩子说假话，就流露出不悦的神色，或是给予孩子非常严厉的惩罚

在很多情况下，孩子需要的是教导，而不是父母愤怒的表情和报复性的惩罚。这一点需要父母们时刻铭记于心。因为说假话而导致别人不再相信你，这样严重的后果我们需要向孩子们解释清楚。你一方面可以跟他讲那些诚实的孩子的故事，然后再讲一些经常撒谎欺骗别人的孩子的故事。最重要的一点就是要给予孩子足够的关注。当受到可能让他说假话的诱惑时，孩子选择了真话，我们应该对他的这种行为给予赞扬和肯定，你的举动表现出对孩子的诚实性格的满意和重视。这种做法比起父母的责骂效果要好很多。孩子的心中会因此燃起对说真话的向往。在宗教层面上，我们同样可以进行适当的考虑，即我们要鼓励孩子获得上帝的认可。当他能够抵制住诱惑而坚持说真话时，我们应该给他鼓励；在他犯错时，切莫恐吓他，说上帝要对那些说假话的孩子给予严厉的惩罚。对于尚未形成足够分辨能力的孩子而言，这样的惩罚方法是不合适的。

4. 父母决不能因为孩子心智发育不成熟，辨别是非的能力较弱，就对他们所犯的错误予以纵容，降低对他们的要求标准

因为这会在他们的内心形成这样的观念：说假话并不是什么大不了的事情。有些孩子还会认为，在某些极端的情形下，讲假话也是可以被理解和允许的。我们确实会说："我们不能把真话全讲了。"但要使这句格言更加完整，还要补充上"我们决不说假话"。在人们心中，如果没有这样的一个信念，即

"无论在任何情形下，都不能为了达到目的而说假话"，那么，我们就不可能通过语言在人与人之间建立起信任感。

我知道人们对此会有不同的看法。他们会认为，在某些情况下，假话比那些"难啃"的真话更有利于取得好的效果。我们也可以很容易发现，在自己周围有许多人正是持这一看法。但他们在说话时，已经失去了所有人与人之间相互信任的基础。对于他们所说的话，我们无从判断真伪。我们哪里知道他这一次是不是会因为权宜之计而说假话呢?

因此，必须给孩子一段充裕的时间，让他们的心灵慢慢地去领悟，克制住自然天性的驱使，使自己的语言符合事实，不为了获得眼前的利益而说假话。在孩子犯错的时候，我们要以一种柔和、仁慈的方式来对待他们，还要通过言传身教来向孩子传授这些理念，以最高的道德标准去要求他们。在任何情况下，我们都不能为了躲避邪恶或是获得利益而说假话。说假话会摧毁人与人之间的信任基础，一旦这种行为被合法化，那么，没有什么行为比这更不择手段、更加邪恶。

16 孩子的判断和理智

在一些不重要的事情上，或是在孩子的决定不会违反任何重大原则的事件上，我们就应该给他机会，让他运用自己的判断力去做决定，之后，我们就要尊重他的决定。如果他愿意的话，可以接受我们所给予的相应的权力，但是，同时他也要承担一定的责任。

A b b o t t

父母要求孩子举止规矩，这是很没有道理的。要求一个人对自己的行为或是愿望负责，意味着父母要充分考虑到这种行为可能产生的长远影响，而不只是受制于眼前的影响。我们要求孩子考虑到其中更深层次的影响，这是没有道理的。因为，他们的思考机能和对现实的理解能力仍没有发育成熟，这些功能仍然处于一种萌芽或是形成阶段。而在这些功能仍处于不成熟的阶段时，要求孩子们去达成一些很实际的目的，就好像我们奢望一个婴儿去进行一些有意义的活动一样，是很不现实的。

心理成熟是一个渐进的过程

有时，当母亲满怀深情地看着怀里的婴儿时，就会注意到，婴儿好像是在盯着房间里的某种东西，例如从窗户射进来的光线、墙上挂着的画等。母亲会很好奇，她想知道婴儿的脑海中到底在想些什么。然而，事实可能是，婴儿什么都没想，他只是呆呆地看着。也就是说，一个物体发出的光线进入了他的眼睛，会在他的感觉器官中形成画面，仅此而已。而在前一天，在他的脑海中可能会产生一幅类似的画面。在很小的时候，婴儿脑海中不大可能重现已出现过的画面。所以，他的脑海中不会出现与之前发生的事情相连接的画面，而且，在心理层面上，他也不可能就这两者做出任何比较。但是，他的母亲却并非如此。看到今天的光线，她可能就会想到昨天的光线，然后，会在心理上对此做一番比较。情感和回忆会从她的心灵中唤起许多思考。例如，一种新的灯油点燃后发出的光比普通的灯油点燃后发出的光要明亮许多，她就会想要把这种灯油应用到所有的灯上，还会向朋友推荐，以此类推。但是孩子却不会有这么多的思想，也没有这样做的冲动。因为，他的身体功能还没有完全发育成熟。另外，他之前也没有什么情感的积累来让他对某种物质产生什么看法。他只能对当前某一刻的情绪有足够的感知，仅此而已。

但是，随着情感的不断累积，婴儿的心理功能就会慢慢成熟，我们经常说的“思想”也会慢慢地成熟。这在一开始，可能是一些对过往的记忆和对现在事情的看法交织在一起。这种交织以及由它所激发的各种心理行为将会随着孩子心智的不断成熟而渐趋增强。但是，与以往的记忆相比，现实生活中即时产生的画面则更为生动、清晰，对未来也会产生更为深远的影响。

当然，心灵对感觉器官真实感受到的感觉和事物状态相关影响的感觉会逐渐增强，这在儿童时期和少年时期几乎是相同的。换句话说，感觉器官和其他的心理功能都受到这些情感的控制。我们会理所当然地认为，这些功能是最早发展起来的。因此，在这些功能发育的初期，会对物体的特性产生直接、即时的感觉，这些将对孩子的心灵产生巨大的影响。另一方面，在日常生活中，我们对事物深层次联系的影响或是一个行为具有的不明显、隐含的结果的看法，被称之为理智，而这种功能的发育也是很缓慢的。正是由于这个原因，人类的不成熟期要比低等动物长多了。这些动物的生命只是受到它们对物体特性的感知，受到行为产生的即时结果的控制。只要它们的感觉和身体器官能够正常运作，就可以说是到了成熟期。但是对于受理智控制的人类而言，他们所关心的事情有着更为深远和全面的意义，因此需要一段长时间的思考才能独立行动。因为必须要等到这些高级功能发育成熟之后，孩子对事物的认知才能更加广阔。在这之前，他必须依赖于父母的理智，而不能擅自妄为。

父母对孩子的判断和选择能力不要抱有太大的期望，正确的方法应该是替他们做决定。在与孩子有关的重要事情上，我们要运用自己已有的经验和远见给予孩子指引。这样，父母就可以安心地培养孩子的思考能力和理智，而不是在孩子的身心还没有发育成熟的时候，让他们独自承受过多的压力；或理所当然地把一些重担压在孩子的肩上。总之，要像农夫看待小马的力量一样，父母们必须正确看待孩子的理智和判断能力。我们可以在某些情况下运用这种能力，但是决不能让孩子承受过重的负担。

从这个观点可知，一些父母试图与孩子争论或对他们说教，但采取这些方法来取代他们对孩子的权威是很不明智的。有的父母甚至想以这样的方法来弥补对孩子权威的不足。在一些情况下，让孩子自己做出决定当然是一个不错的主意。当你和他外出散步时，可以让孩子来决定走哪一条路。你可以跟他说明一下各条道路的优缺点，然后他就可以自己做决定了。当孩子做出决定之后，你就要按照他的意愿去做。但是，如果你已经决定要走哪条路，只要简单地说出你的决定就可以。如果你想对此给出一个解释的话，也不要让他觉得你在强迫他。每一位父母都会发现，这样做其实是很保险的。成功教育孩子的一条基本原则就是，在要求孩子去做他不愿意做的事情的时候，与其让孩子听你的解释，不如让孩子无条件地服从长辈的权威，这要来得更为容易。换句话说，与其让孩子违背自己的意愿，还不如让他无条件地服从你的权威。

在重要问题上，切莫信赖孩子的理智

在下面所有的这些例子中，父母都不能放心地让孩子自己去做决定。譬如，去上学、做礼拜、生病服药、天气恶劣时要待在室内、去哪里拜访、选择玩伴，还有其他很多事情，我们都不能让他们独自做决定。我们这样做，其实是为了不让孩子的心灵陷入迷茫的痛苦之中。我们要为孩子做决定时，无论出于什么原因，都不要说“我不会这样做，我不会那样做”。在一些紧急的情况下，父母不要和孩子争论或是和他们讲道理。一般来说，这都是错误的做法。

你可以对孩子说：“你喜欢这样做，我一点都不感到惊讶。如果我是你，也会很喜欢这样做的。但你决不能这样做。”这才是我们应该做的。当小孩在服药时，父母决不要花半个小时和孩子进行各种争论，或是想以一些花招来使他暂时屈服。其实，你的这种做法对孩子来说只是一种煎熬。母亲要做的只是把药递到他的面前，然后语气坚定地说：“我知道，这药是比较苦的，但你一定要把它服下去。”如果孩子拒绝吃药，母亲也不要让他一直拖延，而是应该尽可能地运用柔和的手段让他服药。在这一过程中，母亲不要对孩子露出不满的神色。如果这种方法还不行，就要强迫孩子服下。

当此事在孩子心中激起的愤怒逐渐消退时，孩子的心情会逐渐平和下来，这时你可以把这个“小病人”抱在怀里，跟他说：“孩子，之前你不服药，妈妈强迫你，希望这不会伤害到你。”这时，孩子可能会做出一些有抱怨性质的回答。

“你不喜欢服药，我一点都不惊讶。所有像你这样年龄的孩子都是很不讲理的。很多动物生病的时候，也都是不愿意服药的，我们也必须强迫它们服下。当你长大之后，你就不需要别人再强迫你服药了，而是会自己乖乖地服下。”母亲说。

然后，母亲可以给孩子讲一个马儿生病，被人强迫服药的有趣故事。在故事中，这匹马也不能像一个男人那样勇敢地服药。

这里的例子只是为了阐述一个普遍的原理——在孩子还小的时候，父母

替他们做决定，这会大大地增加孩子的幸福感，同时也让父母备感轻松。而当孩子对父母的一些决定感到疑惑时，只要让他们无条件服从父母的权威就可以了。

当我们预想到，我们最终可能不太认同孩子所做的决定，但是，当孩子试图对那些一定会被拒绝的事情进行争论和辩解时，父母也没有必要耐着性子去听孩子所说的话。但是，当孩子没有做错什么时，就不要中途打断孩子的话，对他进行反驳。否则，在这种情况下，孩子会显得无能为力，并受到伤害。因为，他们没有足够的能力去理解父母所做的决定和长远的考虑。同时，他们也被自己强烈的愿望蒙蔽了双眼，而看不清事实。父母任由孩子辩论的做法，不仅不能提高孩子的理智能力，到最后反而会让他感到迷茫、疑惑，这无疑会阻碍孩子的成长和发展。

对待孩子理智的处理方式

但是，当孩子的想法让父母觉得放心，父母认为可以放手让他去做时，就可以让孩子做出自己的决定。这给孩子提供了一个锻炼理智和判断能力的绝佳机会。在这些情况下，你可以向孩子提供他所需的一切信息。但是，不要让他因此而觉得自己是无知的。另外，你也不要让自己隐晦的建议阻碍了孩子对自己的判断能力的锻炼。父母可以在决定如何布置花园、如何设计散步和骑马的路线、如何使用零用钱等方面，给予他们做决定的权力；而在可能造成人身危险，或给别人带来困扰等方面，则要予以足够的限制。等孩子再长大一点，就可以让他负责安排旅行过程中的一些小活动。例如，保管随身携带的包裹，决定在车上的座位等；在到达目的地的时候，他还可以帮忙挑选东西，等等。只要你相信他有能力做到，对他给予不甚严格、不唐突的监管就可以了，孩子就会对自己负责。当你注意到他取得了任何成功，或很诚实时，要马上给予关注，并投去鼓励的目光。同时，在他们因缺乏经验或是心智不成熟而犯下一些小错误时，我们也要给予他们谅解的微笑。

总之，在一些涉及孩子的重要情感或是愿望的事情上，我们不要试图从孩子的判断中找到反驳点，也不要试图去说服他们改变想法。其实，我们只需要把权威牢牢地置于孩子的头脑中就行了。而在另一方面，在一些不重要的事情上，或是在孩子的决定不会违反任何重大原则的事件上，我们就应该给他机会，让他运用自己的判断力去做决定，之后，我们就要尊重他的决定。如果他愿意的话，可以接受我们所给予的相应的权力，但是，他同时也要承担一定的责任。

在锻炼孩子的判断力、培养他们的理智的努力上，这些原理也是同样适用的。事实上，父母要想让孩子服从他们的意愿，跟孩子进行持续的争论是错误的，没有什么比这更加毫无用处、毫无所得。这样做只会让孩子产生厌烦和憎恶的情绪。因为在这时，争论很快就会沦落成一种让人厌烦、不痛不痒的相互攻击的武器。其实，双方之所以产生不同的观点，很大程度上是因为孩子只能看到事情之间表面的、直接的、明显的联系，我们对他们的这种能力也不能抱有太大的期望。另一方面，父母的视野更为广阔，他们在一件事情上得出的结论，有许多方面是小孩根本没想过的。因此，父母不能嘲笑孩子缺乏理智、目光短浅、愚蠢至极，也不能以一种专制且不容挑战的方式来压制小孩。所有这些做法，在父母和孩子的争论中屡见不鲜。

父母应该做的是，保持耐心、冷静，就孩子没有想到的事情的另一面向他解释。要想达到这一点，就要让孩子的心灵处于一种愿意倾听、愿意接受的状态。如果没有这一前提，双方的对话及所进行的努力都会付诸东流。在孩子为自己的行为辩解时，我们要认真地聆听，了解他的想法，这是很重要的。总之，要尽可能地了解他的观点，同时让他知道我们这样做的原因。这样，他就会更乐意接受我们跟他说的任何想法。而这些想法是我们在对一件事形成最终判断时必须予以考虑的。

例如，有一个健康的、充满活力的男孩，他的感知能力和自身的直觉都还处于持续快速发育的状态。他给妈妈讲了一个故事。故事是这样的：在一个晚上，一个小偷背着一个大麻袋，悄悄地爬进了一栋房子的杂物存储间偷东西。后来屋主发现了，小偷惊慌失措。小孩在讲这个故事的时候，以一种很激昂的语调说："如果当时我在现场，并有一支枪的话，我一定会向他开枪。"

现在，如果母亲想让孩子深陷迷惘，或是想要压制他的理智的话，她可能会说："一派胡言！乔治，你就会吹牛。在这种情况下，你是不会向那人开枪的。相反，你做的第一件事，可能就是躲藏起来，甚至是落荒而逃。还有，如果你因此而杀死一个人，那真是罪大恶极了。你很可能会因谋杀罪而被判处绞刑。《圣经》上说，我们不能以暴制暴。所以，你不能故作轻松地说敢杀哪一个人。"

这个可怜的小男孩可能会被母亲突如其来的责备吓得目瞪口呆，顿时哑口无言。在他尚处于萌芽阶段，或是半形成阶段的观念中，诸如正当防卫的权利、勇敢的美德、生命的神圣、非抵抗的性质和限度等概念交织在一起，使他的心灵处于一种混乱的境况。母亲这样做产生的唯一结果可能就是，在一阵手足无措后，他会自言自语、小声嘀咕着："无论怎样，我都会开枪的。"母亲的这种处理方式，不仅没有让孩子认识到自己观点的错误之处，反而更坚定了他内心对此的看法。

用柔和的方法启发孩子的智慧

假如这位母亲能够首先认识到，这是孩子看到问题时最直接、最即时的反应和影响，她也许会让孩子暂时得意一下。这样，她就可以和孩子在心灵上建立起一种情感上的共鸣。同时，这也为孩子能够考虑到事情的其他方面做一些心理准备。更为重要的是，这种处理方式对孩子而言，不是直接的、赤裸裸的反对。我们期望孩子理解我们所做的决定，这是很没道理的。他们还未发育成熟的思考功能并不能让他们自发地扩大看待问题的深度和广度。

假设，在孩子吹嘘自己会向小偷开枪之后，这位母亲会这样说：

“当然，你这样做是有一定道理的。”

“是的，”孩子高兴地说，“他是活该。”

“当一个人决定铤而走险的时候，他就知道自己是要冒各种风险的。人们会竭尽全力去保卫自己的生命、财产。也许，即便人们向他开枪，小偷也没什么好抱怨的。”

“是的。”男孩说。

“但我们还要考虑其他方面的一些问题。尽管我们向他开枪并没有什么错，但是这样做其实很不好。”

“怎么不好呢？”男孩问。

在这一问题上，母亲已经承认了孩子的观点是有其正确性的，至少在表面上孩子会觉得母亲和自己是站在同一战线上的。所以，孩子愿意听听母亲所说的不好之处。因为母亲不是直接反对他的话，而是以一种补充的方式，让孩子可以去考虑事情的其他方面，这让孩子更容易接受。

母亲接着说：“首先，我们要想办法处理尸体啊。如果你向他开枪，你将如何处理他的尸体呢？”

在这种情况下，防止孩子对母亲的建议产生抵触情绪是整个处理方法的关键所在。她可以说：“我们该如何处理呢？”或是“你会怎么办呢？”

男孩回答说：“哦，我们可以把他送回到他原来住的地方，让他的家属把他领走。如果他住在城市，我们可以报警啊！”

“这是一个好主意。”母亲说，“如果附近有警察局，我们可以报警。但是地毯上会有血迹的啊！”

男孩说：“在储藏室里是没有地毯的。”

“对，你说得对。那么，处理血迹就不是一件难事了。但是，也有这样的可能，就是那人在中弹之后，不会马上就死去啊；甚至很有可能在警察来到之前都不会死去。我们将看到他躺在地上痛苦地呻吟，不时发出绝望的哀号。这会在我们脑海中形成恐怖的回忆，在以后的日子里一直困扰着我们。”

接下来，母亲可以继续解释，如果这个小偷有妻子儿女，而你杀死了他们的丈夫、父亲，你将终生都对他们感到愧疚。到时候，你会带着一种痛苦、近乎自责的心情去面对他们。站在屋主的角度上看，小偷这样的下场可能是活该，但在一时的冲动退去之后，他可能就会为小偷找理由辩护：他可能是因为家庭贫困，自己的孩子在挨饿，所以才出此下策；也可能他从小就生活艰难，没有机会接受任何教育，所以在童年时期养成了偷东西的习惯。但是，屋主这样的想法于事无补，它丝毫不能缓解杀人所带来的负罪感。

对此事其他类似的考虑，母亲也都可以跟孩子讲。这可以让他明白，我们不能因为别人有了一点小的罪过就要了他们的性命。我们这个国家认可的法律，也只是在犯罪情节极其严重时才会剥夺犯人的生命。

这种对话气氛友好。母亲并不是以一种敌对的语气同孩子们说话，而是以一种全新的方式，向孩子提供考虑事情的一些新信息。母亲的这种做法，不仅会改变孩子对整件事的看法，同时也让他对事情有一个全面的、大致的了解。父母应该教会孩子在面对任何事情时，为了防止做出武断的决定，必须要铭记一点：不仅要看到事情表面上的最直接、最明显的联系，还要深入地去探究其他的相关性和可能产生的后续影响。这样通过对事情可能产生的各个方面的影响都予以全方位的考虑，我们得出的结论才有一个强大而坚实的基础。在这一过程中，采取这种友善的方式向孩子讲道理，不仅可以避免出现任何反感情绪，同时也为孩子能够诚心接受建议提供了保证，培养了他们的推理能力。

一般的原则

在这一章所要阐述并且需要遵循的原理有以下几条。

1. 我们始终要明白，孩子的判断力和理智等心理功能并不是一开始就处于一种发育成熟的状态

孩子的这种心理功能也并不是在人生的最初阶段就可以学到的，只有当他们的身心都成熟了，才能对自己生活中所进行的选择负责。

2. 父母不应让孩子在小小年纪就面临严峻的考验，或是背负沉重的负担

我们要做的是，将孩子的行为置于我们的权威之下。在孩子的成长方向或是情感发展这些重要方面，我们不能对孩子自身的判断能力寄予厚望。

3. 在孩子自身的情感或是行为趋势没有受到特别的压制时，父母可以让孩子的判断力深入到事物产生的各种影响及其联系上

我们可以就某个具体的教育模式向孩子解释，通过一些具体的例子讲解责任的概念；在确保安全的前提下，给予孩子一定限度的权力，让他的判断力和理智可以自由发挥。通过以上这些途径，父母可以极大地促进孩子心理功能的健康发育。

4. 父母可以根据孩子的思想状态，让他对自己脑海中思考的事物有一个更为广阔的视野

在与孩子的讨论中，父母要想阐明其中的道理，一定要采取一种冷静、柔和、谨慎的方式。具体步骤有以下几点：首先，父母要选在孩子最容易接受的时间来进行说理；然后，父母要努力维持孩子这种容易接受的状态；在讨论中，父母不妨以退为进，先承认孩子观点的正确之处，再把自己的一些“补充性”的观点说出来，让孩子去慢慢体会。最后，也是最重要的，在这个过程中要一步一步来，始终以一种诚恳而又模糊的方式来顾及孩子发育仍不完善的心理机能。

总之，孩子的心理机能会逐渐发育完善，父母对孩子的教育方式也要随之发生改变。正如孩子在学走路的时候，我们不能拽着孩子，让他走得比自己应有的步子快，而是应该让他以自己的步调来行走。同理，你给予的帮助也要在他的心理和身体可以承受的范围之内。在这个过程中让孩子知道，他也可以通过自己的努力取得积极的结果，这对他会产生鼓舞作用。所以，在培养孩子的思考能力和理智时，一定不要从一开始就让他们承担重负，而是应该让他们轻装上阵，去做一些在他们心理和身体成熟范围内可以做的事情。父母要对此给予鼓励，而不是禁止或是代替他们的行动。

17

认真对待孩子的愿望和要求

我们现在很少能够看到母亲以这样的方式来教育孩子：在做决定的时候，她显得那么镇静、沉稳、柔和、缜密；在做出重要的决定之前，她会认真思考；在说出决定的时候，她表现得坚定无比；她不会让孩子给别人造成麻烦，却会让他拥有足够的空间。

A b b o t t

在上一章谈到判断力和理智时，我们得出了几个结论，而在本章中，这些结论也是适用的。

在关于孩子的重要事情上，父母要保持绝对权威

在关乎孩子的一生，或是会对孩子的生活产生重大影响的事情上，例如，他们的健康状况、玩伴的选择、性格的形成、接受的教育，或是兴趣爱好等方面，是父母的“专属管辖”范围，而且，父母应该很早就让孩子明白这一点。而在这些事情相关的细节上，父母则应充分考虑孩子的情感和愿望。但是，这一大的方向则无须和孩子讨论，也不用理会他们的抗议。在这一点上，父母理应保有自己的意见，就像法官在审判犯人时，可以在陈词里保留自己的意见一样。人们对这种教育方法和原因可以进行自由探讨。这样，他们对此就能有充分的了解。但是，需要注意的一点是，在任何实际问题上，父母想要通过对孩子采取劝说的方法，作为对自身摇摇欲坠的权威的一种补充，这是绝对不行的。让孩子了解到父母命令的合理性，这是非常有益的，但切莫以牺牲父母对孩子的权威为代价。

在一些不重要的事情上给予孩子足够的自由空间

在事关孩子当前和未来幸福的重要事情上，父母要利用自己的绝对权威，以高瞻远瞩、统筹全局的眼光去规划和决定；对孩子转瞬即逝的一些幻想则不需要给予过度的关注；在一些相对不重要的事情上，则可以给予孩子最大限度的自由，让他们能够以自己的方式去玩耍、学习，甚至是一些无厘头的幻想，父母也不要去干涉。所有这些意味着，孩子不断发育的身心功能可以得到自由的发展，而这些功能的自由行动又意味着它可以快速、健康地发展。

总之，在关乎孩子的健康、性格的形成以及学业的重要事情上，父母应该坚持一个重要的原则，即充分利用对孩子树立起的绝对权威，而在其他一些并不重要的事情上，让孩子拥有足够的自由也未尝不可。比如，当孩子们在玩耍时，就某一件具体的事跑过来问你，你所要考虑的不是自己是否也会这样做，而是孩子这样做是否存在什么危险。

在事前而不是事后认真倾听孩子的心声

在法庭上，首先要听各方的陈词，然后再做出判决，这是一种很合理、很公正的审判程序。但是，许多父母所采取的教育方法正好与这种合理公正的程序相反。也就是说，许多父母喜欢先做决定，然后再倾听孩子的想法。孩子提出任何要求或建议时，父母会马上拒绝，或是犹豫地拒绝。为此，孩子会和他们争论不休。如果孩子总是顽固地坚持和强求，父母则只能不断松口，直到最后被迫同意孩子的要求。

父亲抓住藤条的两端，而孩子抓住藤条的中间，然后双方对拉，直到最后，孩子把藤条从父亲手中拿走。这是训练孩子手臂肌肉的一种好方法。同样的状况也会出现在孩子和父母之间的争论中，孩子之所以会练就这身“软磨硬泡”的功夫，就是因为在一开始的时候，我们就拒绝了孩子的建议，他们为此争论不休。最后，经过持久的对抗，父母的反对声逐渐减小，孩子最终取得了胜利。如何防止孩子养成这种习惯，或是当孩子形成这种习惯之后再改变这种习惯，其实有一个简单而有效的方法：首先倾听孩子的建议，然后再做决定。

因此，当下一次孩子提出什么请求或愿望时，如果其中没有涉及一些重大原则问题，那么在做决定之前，母亲要考虑的不是以下这些问题：孩子这样做是否明智、是否会取得成功？他会玩得开心吗？如果我是他，我会这样做吗？其实，母亲只需想一下，孩子这样做是否会对他造成什么伤害，如果没有，就爽快地给他一个肯定的答复。如果你想知道孩子到底想说些什么，那么在他讲完之前，千万不要说出自己的决定。

如果你赞同孩子提出的建议，但是对他在玩耍中的一些具体做法有一些异议，你可以直接跟他说，在这种情况下，你是为他所面临的困难考虑，而不是针对他的计划表示反对。如果孩子的计划不会造成任何危险，那么，无论他在实现这个目标时会遇到多大的困难，你都没有反对的必要。

【家教实例】适度引导孩子试错

有两个男孩，名字分别叫威廉姆斯和詹姆斯，他们正在院子里和露丝玩耍。他们希望母亲能同意他们在院子的一角挖一个小洞，造一个小鱼塘，再从小溪中捉几条鱼放进去养。

在听完他们的想法之后，母亲在没有做任何解释的情况下，断然拒绝了孩子的请求。

“不行！我是决不会允许你们这样做的。这是一个很愚蠢的计划。你们会把全身弄得脏兮兮的。还有，你们也不可能从小溪里捉到什么小鱼。即使你们能够捉到鱼，小鱼也是活不久的。”

但威廉姆斯说，他们可以用小铁锹在草地上挖一个洞，这已经试过了，是完全可行的。

詹姆斯说，他们也已经尝试过捉鱼了。他们发现，用长柄的铲斗就能捉到鱼。露丝说，他们会很小心的，决不会把衣服弄湿，决不会沾上泥土的。

“但你们站在小溪边上，脚总会弄湿的，这是无法避免的。”妈妈坚持说。

“不会的，妈妈。”詹姆斯回答说，“那里有一块很平滑的石头。我们可以站在那里。这样，脚和鞋就不会弄湿了。”

他一边说，一边让妈妈看他的脚，确实是干净的。

就这样，这场争论还在持续。其实，在这种情况下，母亲反对的原因有一半是不存在的，这些都只是用来反对孩子做法的说辞而已。在反对一再失效之后，母亲最后不得不放弃，就如同败北的军队一样，不得不投降。当孩子离开时，心情也是闷闷不乐的，觉得母亲难以沟通。因为，在孩子的眼中，母亲不仅没有对他们的行为给予半点的同情和理解，也没有从他们的欢乐中感受到半点的快乐。

然而，可能就是在一些与这件事类似的事情上，孩子学会了如何与母亲争论，学会了软磨硬泡。在之前他们可能也会隐约有这样的想法，当他们惊讶地发现，母亲的第一个决定并非是一锤定音的，只要他们对母亲的反对予以坚定的回应，并不断进行争论，特别是要坚持他们自己的决定时，他们就基本可以确定，胜利是站在他们这一边的。

母亲的这种教育方法，其实是孩子在享受乐趣道路上的一个障碍。

在这种情况下，如果妈妈想避免出现上面那种状况，可以采取下面这种简单的方法。首先，她必须考虑孩子的建议，然后再做出决定。在做决定之前，如果她有空闲或是机会的话，可以对孩子提出的计划的细节进行更详尽的了解。即便在工作繁忙之时，她也可以在心中简单地考虑一下。如果她对孩子的计划持坚决反对的态度，除非她不想给孩子一个公平的反驳的机会，否则她就不应该马上把反对的决定说出来。因为，当孩子的心中怀有一个强烈的愿望时，这种急切盼望的情绪会让他们头脑发热，根本不能正确地对待任何反对的意见。因此，无论怎样，一个普遍的原则就是：千万不要立刻对孩子的计划提出反对意见，只需说出你的决定。另一方面，如果孩子的计划不存在潜藏的危险性，那么，即使这个计划在我们看来是非常愚蠢的，甚至在实践中是无法实行的，这些都不能成为反对的借口。因为，他们喜欢自娱自乐，他们可以从失败和成功中学到许多有用的知识，这会更有效地促进他们身心机能的发育。

在这一例子中，如果母亲想正确处理上面的这种情况，首先要考虑一点：是否应该对孩子的计划做出反对决定。这可能取决于孩子在提出计划时的态度，或是考量这个计划可能对院子造成的损害。在很多情形下，母亲可以反过来想一下，院子的美观和孩子的身心健康、正常发育、快乐幸福这些相比，哪一个更加重要。在大多数的情况下，她很快就会发现，孩子的计划是不会对他们造成任何的伤害的，而只不过是一个愚蠢的计划而已，并且想要完成这个计划是没有希望的。我们要认识到，孩子正是在这些成功和失败的实践中愉快地成长，这对他们健康成长这一真正的目标是有益的。因此，我们不能对此表示反对。在考虑这些之后，母亲会说："好的，孩子，你想怎样做就怎样做吧。也许，我还能帮你们一把呢。"

母亲在表明自己的态度之后，语气柔和地指出孩子这一计划在实施中可能会遇到的障碍和困难。此时，孩子认为母亲不是在反对他们，而是在帮他们取得成功。他们会觉得母亲是站在他们一边的，而不是对立面。

"那你们打算怎样处理挖出的泥土呢？"母亲问。

孩子们根本没有想到这一点。

母亲接着说:“你们可以把这些泥土放在手推车里。大人们在做事的时候,总是会考虑失败的可能性。万一你们不成功,你们也可以轻松地用那些泥土把你们挖的洞重新填好。”

孩子们认为这是一个不错的主意。

“那怎样用水装满那个洞呢?”妈妈问。

孩子们打算用木桶从水泵那里取水。

“你们如何防止水溅湿你们的衣服和鞋子呢?”

“哦,我们会十分小心的。”威廉姆斯说。

母亲以建议的口气说:“在你们抬水时,每次只装半桶水的话,会不会好一点儿?这样,你们可能要多走几次,但比起会被水弄湿衣服,这要好得多。”

孩子们认为这是一个好主意。

母亲这样的教育方式,可以让孩子们大概了解自己的计划可能存在的困难。当孩子和母亲之间处于一种融洽与互相理解的状态,而不是一种相互对立的状态时,母亲就可以不费吹灰之力地让孩子顺从自己,同时,也可以让孩子学到许多关于谨慎和细心的教育。

母亲可以提醒孩子们,在计划的实施过程中,他们可能会遇到许多难以预测的困难。母亲也可以告诉他们,如果计划失败了,也不要感到失望,垂头丧气。于是,孩子们开始挖洞,他们把这些挖出来的泥土装在手推车中。然后,他们从水泵里取了半桶水,倒在洞里。但是,水很快就渗入地下,孩子们对此感到很沮丧。更重要的是,这些水看起来很浑浊,上面还漂浮着一些叶子、泥土。这让孩子不禁产生怀疑:即便他们能够把捉到的鱼放进里面,他们也看不见小鱼在里面游泳。他们扛着长柄铲子,走在通往小溪的路上,不一会儿,他们就会停下来,采集田野旁美丽的花朵。此时,露丝突发奇想:在院子里建一座花园,要比造一个小鱼塘好看多了。于是她说,花园要比鱼塘漂亮多了。所以，他们又跑到母亲跟前，说要改变计划，希望妈妈可以允许他们在院子土质疏松的地方栽种从田野里采集到的美丽鲜花。他们最后说："我们决定不造鱼塘了，因为花园要比鱼塘更漂亮。"此时，妈妈没有因为小孩如此"善变"和"无常"而责备他们，她说："我想你们是对的。当小鱼在小溪中自由地游泳时，的确很好看。但是，花朵确实更容易转移和种植。你们现在首先要做的是，把那些挖出的泥土填回原处。当你们建好小花园之后，我建议你们拿一个浇花瓶好好地浇灌一番。"

人们可能会说，在孩子做事情的时候，我们应该培养他们持之以恒的习惯，纵容他们反复无常的做法是会产生不良后果的。但是，事实上，在日后，孩子还有很多岁月可以用来逐渐学习坚持。在他们自娱自乐的玩耍中是容不下太多的坚忍和人为干预的。在他们玩耍的时候，我们的目的是让孩子身体的各个器官和四肢都能够得到充分的锻炼，让他们的想象力能够得到充分的发展，让他们对自然的观察能力能够得到提升。我们必须培养孩子的全局思维和坚持不懈的品质。我们决不能忽视这一点，但是在他们玩耍时，这个时机是不适合做这件事的。

要这样对待孩子的愿望

针对孩子的要求和愿望，母亲一般采取下面的处理方式：在对孩子极为重要的事情上，父母可以自行决定，然后，只需对孩子宣布这个决定就可以了，没有必要拿什么理由去解释，或是劝诱小孩服从自己；而在一些无关紧要的事情上，父母可以让孩子享受到最大限度的自由。

对孩子来说，他们总是习惯于无条件地接受父母第一次发出的命令，而不会对此表示任何不满或是抗议。如果父母们能够从一开始就建立起这套做法，并一直遵守这套做法。我们就可以看到，其实家庭教育是可以变得十分舒畅和快乐的！父母在尝试这种方法之前，首先要对这些原则有一个清楚的认识，然后采用冷静的、柔和的手段去处理；但同时要以一种不容置疑的坚定来维持。令人遗憾的是，这些看似很容易学到的能力，却很少有父母能够做到，真正具备这些素质的父母可谓凤毛麟角。

这个方法体系要求柔和性，要求父母保持坚定、持续、稳健和热心，而不是一时的冲动。我们现在很少能够看到母亲以这样的方式来教育孩子：在做决定的时候，她显得那么镇静、沉稳、柔和、缜密；在做出重要的决定之前，她会认真思考；在说出决定的时候，她表现得坚定无比；她不会让孩子给别人造成麻烦，却会让他拥有足够的空间。相反，也有的父母会在一些很重要的事情上屈服于孩子的蛮横要求。而父母通过拒绝孩子的一些愿望和要求以慰藉自己的内心。其实，孩子的这些愿望不会造成什么伤害，父母的这种做法是多么愚蠢和无知啊！

18

珍视孩子的发问

父母之所以觉得孩子的提问是如此的折腾人，其中一个重要原因就是，他们在回答问题的时候想得太多了。如果他们只是给出简短的答案，就会发现回答问题是一件很轻松、容易的事情，而孩子所需的正是这种简洁、浅显的回答。

A b b o t t

在童年时期，孩子喜欢发问的习惯是个多么普遍的现象啊。这为母亲走进孩子的心灵提供了一条最直接、最容易的途径。如果母亲懂得如何利用这个机会，这将是她最大的快乐源泉；而对孩子来说，亦是如此。在这一章里，我将做出一些解释，并对父母、哥哥姐姐、老师们给予方向性的指引。

好奇心强烈的孩子最聪明

父母应该尽量鼓励孩子的好奇心。我们一定会想到，当一个孩子的观察能力逐渐增强，他会惊奇地发现自己周围的许多事情都充满了神秘感。例如，为什么有些东西是硬的，而有些东西是软的呢？为什么有些东西你一碰就会摇滚起来，而另外一些却不会呢？为什么跌倒在沙发上的时候，不会感到很疼痛；而跌倒在地板上的时候却疼得哇哇叫呢？为什么爬椅子时会不小心翻倒，而爬牢固的楼梯台阶时却不会感到危险呢？为什么有些东西是黑的，而有些东西却是红的、绿的呢？为什么水会从人的手中或是衣服中慢慢渗透直至消失呢？为什么父母准许他在花园的地面上挖洞，而不准在地板上挖洞呢？这些问题对他这个小脑袋来说，都是充满神秘色彩的。而这位小探险者却持续处于这种好奇和惊讶的状态之中。他不仅要学习这些东西所具有的意义，还要拓展自己的观察能力。他会发现自己的周围会出现越来越多让他震惊的现象。但是，无论是他的母亲，还是任何一位长辈，都愿意在这方面给他以解释和支持。毫无疑问，这对扩充他的知识，提升他的能力具有非凡的意义。

因此，父母要记住，孩子喜欢发问并不是一个缺点，这只是说明他的心理能力还处于不断发展成熟的状态。他想利用自己能力范围内所能拥有的途径，来增加自己的知识，拓展自己对周围那些奇异和神奇现象的观察能力。

不要将孩子的发问看作自己烦恼的源泉

当然，有时父母会对孩子的问题感到烦恼不堪。因此，在回答孩子的问题时，父母感受不到乐趣和优越感。即便在这个时候，孩子爱发问的习惯仍不能被视为一个缺点。你决不要告诉他："你这个小捣蛋，我已经厌烦回答你的问题。"当你正忙于一些事务而无暇理会他时，你可以告诉他，你希望和他交谈并回答他的问题。但是，你现在真的很忙，所以没空做这件事。然后，你可以给他一些东西来占据他的注意力，让他保持安静。每隔十到十五分钟，你可以从阅读、写信、规划工作或是其他事务中抽出一两分钟，给他一些关注，以缓解他内心的单调和乏味。和他说几句话会帮助他缓解心灵的寂寞。

对待孩子的发问，回答宜简短

有时，父母之所以觉得孩子的提问是如此的折腾人，其中一个重要原因就是，他们在回答问题的时候想得太多了。如果他们只是给出简短的答案，就会发现回答问题是一件很轻松、容易的事情，而孩子所需的正是这种简洁、浅显的回答。父母要想对孩子的任何问题都做一个详细全面的回答，这对孩子来说也是一件折腾人的事情，而对花费时间回答这些问题的父母而言，更是如此。一个简短、浅显的回答似乎更有效，会一步一步地让孩子对问题有一个深入的了解。而这对母亲来说，也是十分轻松的，这可以说是一举两得呀！

例如，在一个雨后的夏日，父亲和母亲决定乘马车出去逛逛，小约翰尼坐在父母的中间。父母在讲话的时候，他没有插话。约翰尼看到天边出现了一道彩虹，他情不自禁地发出了一声惊叹。他问妈妈彩虹是怎么来的。母亲听到这个问题之后，心中默想，要向一个还乳臭未干的小子解释自然界的复杂现象，这是一件多么棘手的事情啊！想到这里，一股莫名的厌烦和不满之情油然而生。所以，妈妈没有结束和丈夫的谈话，没有将注意力转移到约翰尼身上，不理会约翰尼的提问。而约翰尼马上重复道："妈妈，妈妈，为什么会出现彩虹呢？"

最后，母亲的注意力不得不转移到孩子的问题上。她告诉约翰尼自己没有能力向他解释清楚，因为他太小了。母亲还责骂他多次打断自己的谈话。

我们假设仍在这种情形下，另一位母亲在听到这个提问之后，稍微停顿了一下，然后以友善的目光望着约翰尼的脸，脸上挂着一丝鼓励的微笑。

她简单地说："太阳。"说完之后，她又继续着和丈夫的谈话。约翰尼带着满足的语调发出了"哦"的感叹。"太阳产生了彩虹"，这对于他来说完全是一个全新的、宏大的景象，这足以让他的大脑陷入几分钟的思考之中。在这期间，他的父母可以继续不受打断地谈话。接下来，约翰尼再次发问："妈妈，太阳是怎样产生彩虹的？"

妈妈这次的回答和之前的回答同样简洁："通过照射在云层上。"母亲的回答会给约翰尼留下一大堆的思考问题。小约翰尼在脑海中会渐渐对此进行思考。母亲则继续与丈夫谈话，几乎不受到任何打扰。

在几分钟的思考之后，约翰尼抬头望了一下太阳和彩虹，又看了一下云层，彩虹的弧度正好与太阳是相反的，完全反射着太阳的照射。于是，他准备更进一步发问："妈妈，太阳照射在云层上，怎么就会产生彩虹呢？"

母亲回答说："太阳照射在云层上，云层里面有许多的小水滴，这些小水滴会映射出各种颜色，这就像地面上的露水一样。而云层上所有的水滴聚在一起就产生了彩虹。"

母亲在回答中描绘的画面足够约翰尼的大脑消化很长一段时间了。也许，他还会有其他的问题。同理，母亲给出的回答依旧还是那么简短。但在此时，约翰尼对于这个问题的好奇心已被满足了。他的注意力很快又被其他事物吸引了。

以这种简短的方式来回答孩子提出的问题，母亲会感到很轻松。而孩子在得到母亲的回答之后，往往要经过较长的时间之后，才会再次发问，这样就不会太多次打断母亲的工作。因此，这对正忙活着的母亲来说，其实并不会产生多大的困扰。如果母亲真的十分爱自己的孩子，真正关心孩子的思考和推理能力的发展，那么，孩子对你的那一点打断，与母亲看到孩子在获得满足之后感受到的喜悦相比，根本不值一提。

回答应该是沟通式，而不是说教式

在回答孩子的问题时，父母不仅在形式上要做到简单、浅显，更应想方设法地让自己的答案包含尽量少的信息。

乍一看，这个观点有点奇怪。但运用这个方法只是为了给孩子充足的智力养分。对孩子要吃的食物，你必须把这些食物分成许多小份，让他每次吃一点。如果你一下子就让他吃太多的话，就会有噎着的危险。

例如，在一个初冬的早晨，当约翰尼第一次看到雪花绵绵落下时，他满怀惊讶和喜悦之情，望着窗外出神。然后，他突然问道："妈妈，为什么会下雪呢？"在这种情况下，如果母亲想要给孩子一个完整的答案，她的注意力就必须要从手头上的工作转移出来，才能认真思考和回答这个问题。最初她根本不想回答，甚至还想指责他为什么要问这么愚蠢的问题来打扰她，直到最后，她还是暂停了手头上的工作，思索片刻之后，她说："雪是从河水、海水、湿地上的水蒸发上去的，上升到空中，最后遇冷凝结成一片片雪花，然后从空中慢慢地飘落。"

男孩认真地听着母亲的讲解，并努力尝试着去理解。但是，他并不能立即了解如此复杂的答案，他感到迷茫和困惑。在母亲的回答中，不仅涉及了自然界变化中广阔的范围，复杂的过程，还牵涉到许多他闻所未闻的新事物。

但是，假如母亲在回答孩子的提问时，尽量压缩答案中包含的信息量，约翰尼的问题可能就会像下面这样展开。

母亲的回答很简单、浅显，并不需要她花费太多的时间进行思考，也不需要中断手中的工作。当然，一些需要特别关注的例子除外。

"妈妈，"约翰尼问，"为什么会下雪？"

"因为雪花从天上降落，好好看吧。"

"哦。"约翰尼发出了满意的惊叹。他目不转睛地望着飘落的雪花，看着它们毫无规则地飘落下来。他可能会在几分钟之内一言不发，精神极为集中。他在脑海中想着，在一场风雪中包含着多少从天上降落的雪花啊！

我们对此已经习以为常了，因此也就不会多加留意。然而，对孩子来说，这是一个新鲜的体验。在这个过程中，孩子处于萌芽期的观察能力和思考能力深受锻炼。

约翰尼在较长一段时间内陷入了思考，最后，当他觉得自己已经消化了这个观点时，他也许会接着这样问：

“妈妈，那雪花从何而来？”

“天空。”母亲爽快地回答。

“哦。”约翰尼的内心再次感到满意。

人们可能会认为，这些对话几乎是毫无意义的，或者说，至少没有向这位小提问者提供任何有用的信息。但是，这样的回答的确给了约翰尼新奇而有用的信息。这可以让他的发问一步一步深入。雪花来自天空，意味着它来自一个很高的地方。这让他认识到，雪花并不是在进入他眼帘的时候形成的，而是从一个很高的地方降落下来的。在思考这个问题一阵子之后，约翰尼继续问：“妈妈，那天空有多高啊？”

也许在这个时候，母亲会觉得除了说“不知道”之外，就没有什么好说的了。但孩子所需要的并不是精确的信息。母亲要清楚，如果她尝试给孩子一个精确的回答，这实际上也是徒劳的。因为，孩子之所以喜欢发问是认为妈妈一定会知道答案的，而且也会给出一个满意的回答。

孩子再次发问：“妈妈，天空到底有多高啊？雪花是从天空哪里下落的？”

“哦，很高。比我们的屋顶还高很多。”妈妈回答说。

“比烟囱更高吗？”

“是的，比烟囱高多了。”

“有月亮那么高吗？”

“没有，又没那么高。”

“妈妈，那到底有多高呢？”

“大概跟小鸟飞的高度一样吧。”

“哦。”约翰尼心满意足地点点头。

母亲的这个回答或许有点不明确，这是事实。但这种不明确性正是价值所在。即使母亲能够做出一个明确、精准的回答，在这种情况下，也是完全不适宜的。

一个即使没有什么新信息的回答也是适宜的

关于孩子的问题，我们的答案并不一定总是要包含新的信息。母亲对一个问题简短的回答，可以让孩子在听说的过程中锻炼和提高运用语言的能力，这就是我们所要追求的目标。

必须记住的是，运用语言来表达自己的思想，或是指代外在的事物，这对孩子来说都是一种全新的能力。正如孩子学到新的能力一样，只要稍微运用一下这些能力，就可以为自己带来无限的乐趣。如果一个健康的、充满活力的人掌握了飞翔的能力，他就会借助翅膀在天空中自由翱翔。在这一过程中，他会获得无限的乐趣。这并不是因为他有特定的目标要去游览，而是他运用新掌握的这种能力本身就是充满乐趣的，而孩子在谈话中获得的乐趣也是如此。他们经常为了说话本身的乐趣而去说话，而不是有什么必须要说的话。孩子只会注意你讲的内容是否有他感兴趣的东西，而至于是否有新东西则不在他的考虑范围之内。一旦母亲完全了解了这种思想，在对待孩子无休止的发问时，她将会省去许多烦恼。而在许多情形下，唯一重要的是，她的回答要简洁，无需考虑是否包含什么新信息。

例如，在夜晚，一个小女孩问妈妈，天上的星星为什么会闪烁。妈妈说："因为它们很明亮啊。"女孩对这个回答感到满意。所以，当她问道："为什么在镜子中能够看到我？"这时，母亲可以回答说："镜子里只是你的影像而已。我们称之为画面。你拿起一本书，看看在镜子中能否看到这本书。"小女孩对母亲的回答感到高兴和满意。母亲的这种回答并不像人们想象的那样一无是处。母亲这样做给了孩子运用语言的机会。如果适当地加以引导，将会大大拓展她对语言的了解，有助于加深她对语言所代表的观点和事实的理解。

玛丽与爸爸在花园散步，她问道："为什么有些玫瑰花是白色的，有些则是红色的？"

"这很神奇，对吗？"

"是的，爸爸。这的确很神奇。是什么造成这样的情况呢？"

"这其中一定有什么原因，有些树上的苹果味道是甜的，有些则是酸的。"

"是的，这也很奇怪啊！"

"它们树上的叶子却总是绿色的，尽管它们的花的颜色是不一样的。"

"是的，爸爸。"

"但是，"爸爸补充道，"当秋天来临的时候，树上的叶子都会变黄。"

父母和孩子进行这种类型的交谈，从一开始就没有采取直接回答孩子的问题的方式。这种对话的方式不仅让孩子感到满意，同时，对发展孩子的能力和增强他们对语言的了解也有着莫大的益处。我们解释任何现象时，都会得出一些结论，同样，父母对此的认识也会让他们更容易处理孩子提出的许多棘手的问题。当然，如果他们不想对孩子的问题做回答，那么就是另外的情况了。

要时刻准备说"我不知道"

在回答孩子的提问时，母亲要时刻准备说："我不知道。"父母和老师往往不愿意这样做，觉得这样就暴露了他们的不足之处，有损在孩子心目中的地位。因此，无论多么困难的问题，他们总是尝试着去给出某种解释，希望能够满足小提问者的要求，尽管有时这很难做到。这种想法其实是一个巨大的思维误区。其实，学海无涯，而父母、老师所掌握的知识也只不过是沧海一粟，还有许多领域亟待探索，越早让孩子、学生认识到这一点，取得的效果其实会越好。在孩子看来，即使我们的回答不尽如人意，但是这不会影响孩子对知识的追求，不会影响其追求知识时所取得的成就感。

在孩子对周围事物及其视线范围内的世界提出问题时，如果母亲能够明智地运用我们这一章所讲述的原理进行解答，将会有助于她处理孩子在这方面的问题。她会发现经常和孩子进行这种类型的对话，对双方来说都是巨大的快乐。事实上，在孩子的早期教育中，孩子和一位英明、友善的母亲对话，是极为重要、极富价值的。一位母亲喜欢在孩子身边，让孩子提问题，然后自己回答。这样孩子的思考能力和推理能力将逐渐地发展和进步，同时还扩充了孩子对语言的认识。这些无疑都将大大拓展孩子的思想深度和广度。但母亲将会发现，当孩子接受正规的教育时，他努力学习，成绩将会马上名列前茅。这正是因为他的心灵功能已经获得了比同龄人更充分的发展。

19
教孩子正确使用金钱

对男孩和女孩而言，在孩提时期的一项最重要的教育，就是让他们学会如何合理地使用和管理金钱。让他们学会如何拥有属于自己的数目明确而固定的金钱，并让他们自己管理。在这一过程中，父母可以给予他们一定的指引、鼓励和帮助，这有助于他们掌握这种能力。

A b b o t t

在教育孩子时，关于如何使用金钱这一问题和之前几章谈论的问题有着直接的联系。这一问题是极为重要的。首先，我们要培养和发展孩子正确的判断力，并让他掌握一些实用的经验。第二，特别要注意的一点是，如何使用金钱与正确处理孩子的愿望和要求有着直接的关系。

不正确的做法会造成终生的伤害

假如，一位母亲想让自己孩子的心灵变得麻木不仁，或是想让孩子的行为变得矫揉造作；想让孩子养成通过软磨硬泡，或是过分屈从的行为来获得他想要的东西的习惯；想让孩子不能获得正确使用金钱的实用知识，或是任何关于经济的原理，让他无法在日后生活中养成极为重要的独立思考、节约的习惯……那么，要达成上面这些目标，最好的途径就是在孩子小的时候，对孩子的零用钱不加控制，有求必应。父母毫无分寸，所给的零用钱数目完全取决于孩子索要的频率和强求程度。

毫无疑问，在这种情况下，孩子根本没有什么能力去好好地看管自己的金钱，他也不懂得为了日后的打算去克制今天的行为，所以他不会制订任何花销计划。他的金钱是父母屈服于他的无理要求而获得的，这让他觉得金钱好像是永远花不完似的。因为，他获得的金钱并不是通过他自己的节约所得的，也不是他依靠自己任何的远见或是理财能力获得的，而是建立在他对父母的软磨硬泡之上。上述这种教育方法往往会让孩子养成一些坏习惯。这种教育方法不能培养孩子的节约和预见能力，而这些对他们的未来生活具有重要作用，将在很大程度上决定他们能否成功。

但是，这种方法也并不是一定会产生这种结果。在这一过程中，孩子也许还会受到其他方面的影响：譬如孩子的天性、父母在其他方面所具有的品质和周围的影响等。但是，不可否认的是，以上那种教育方法让孩子获得零用钱成为一种偶然。在这其中，并没有包括任何精打细算。而孩子所学到的，只是通过一些娴熟的技巧或是多少带有耍赖的方式伸手向父母要钱，这视情况而定。

无论你将来是否会有幸继承庞大的财产，还是要通过自己辛勤的劳动获得一般的收入，抑或是在赤贫之中挣扎，对男孩和女孩而言，在孩提时期的一项最重要的教育，就是让他们学会如何合理地使用和管理金钱。让他们学会如何拥有属于自己的数目明确而固定的金钱，并让他们自己管理，让他们自己负责。在这一过程中，父母可以给予他们一定的指引、鼓励和帮助，这有助于他们掌握这种能力。

定期给孩子一些零用钱，让他们学会管理金钱

在阅读这本书的父母中，应该不会有人在一整年中都不给孩子零用钱花吧。因此，父母给孩子一些零用钱花，或是以一种商业贸易的方式将零用钱借给孩子，这都是很有必要的。事实上，在这样的教育下，孩子会认为他们每周、每月从父母那里获得的零用钱，只是父母给予他们的报酬而已。如果零用钱被孩子当作一种礼物或一种必然，那么孩子们将会失去获得零用钱的

乐趣。因此，有人会反对这样做。当父母给孩子零用钱时，他们想，这是作为对孩子优秀表现的一种奖励，孩子也想从中得到乐趣。但是，每隔一段时间就定期地给孩子零用钱的这种行为，会让孩子认为我们好像是在还债。而我们希望孩子能够把零用钱当作一种奖励，唤起他们的感激和爱。

尽管我们在这里推荐定期给孩子零用钱的这一做法并不能完全阻止孩子将父母给的零用钱看作一种礼物或是其他的东西。其实，只要父母心中是为孩子的未来人生幸福和健康着想，就还是会使用这种做法。在孩子还小的时候，就要培养他们把目光放长远和节约的习惯，锻炼孩子在金钱管理上的判断力。这比起父母一时微不足道的情感满足来说更为重要。

指导孩子理财的两种方法

父母制订一个系统的计划，分配一定数目的金钱让孩子自己来管理。在这里，我介绍两种商业上常用的方法。第一种是通过定期支付给孩子一定数量的金钱；另一种是为孩子的支出记账，定期给他们一些钱，同时让孩子自己为收支负责。

1. 直接给钱

这是最简单的一个计划。如果采用这一计划，在金钱支付的问题上与孩子达成一致后，父母就一定要按照计划严格地在特定的时间向孩子支付金钱。我们可以把这个数额定在六美分、十二美分、二十五美分或是更多，时间可以定在每个星期六晚上，这一计划由母亲一手负责。在执行的时候，母亲一定要认为这是一个神圣的契约，必须要做好充分的准备。她不能奢望孩子在金钱管理上能够做到定时、准时，并具有全局的思想。在执行这一计划时，母亲不能拖沓延误，在规定的时间到了，还为自己不支付金钱找借口。一般来说，父母给孩子的钱不应该让他们拿在手中，而应该提供钱包或是其他可以存放的东西。这样，孩子就可以更好地保管财物，以防止因任何形式的粗心而导致的丢失。母亲一定要谨记，这一计划的目的是要让孩子通过自身的体会来学习如何管理金钱。如果父母替孩子保管这些零用钱，那么这个计划也就没有意义了。另外，母亲要准时付钱给孩子，尤其是第一次，更是需要准时。总之，母亲要清楚地认识到，金钱的管理和保管的权力应该完全交到孩子的手中。

2. 记账

这是第二个计划。许多母亲认为，这个计划在实施过程中会有很多麻烦，因此她们会放弃这个计划或半途而废。在实践中，这个计划被证明是最令人满意的。这个计划首先需要一个小的记事本用来记账。在账本上要确保每个孩子有两页纸。孩子的名字写在自己账户的上方。这样，孩子定期获得的零用钱就可以记在收入那一栏里，而支出则在另一栏里。

记账这一计划可以让我们避免定期给孩子钱所带来的麻烦，因为账本上会表明在何时父母该付钱了。

以上这两种方法各有其优点，这在很大程度上要视孩子的年龄来定。当然，父母是否方便应该是最重要的决定性因素。对于一个商人来说，他已习惯了记账，他会随身在口袋中携带一个小笔记本；或是母亲平时也有记账的习惯，那么这个方法就更容易实现了。记账可让孩子在这一过程中学到许多有用的知识。更为重要的是，孩子可以从小养成以一种全局的思维来处理事务，还能培养精确的习惯。尽管他还没有学习阅读，不能了解账本记录的内容，但他对此还是会有所感知。无论怎样，他都知道自己零用钱的开支和收入都被记录下来了。他们对此会感到高兴和自豪。而这种印象会让他们在日后的生活中逐渐养成精确和全局性的观念和思维。

与定时给钱的方法相比，记账的方法有一个很大的优势，那就是为父母提供了一个机会，使他们可以对孩子管理的余额支付一定的利息，让孩子认识到生产性投资的性质和优势。他们也会明白一个道理，那就是储存起来的钱具有增值的潜力。父母支付给孩子的“利息”应该比常规的利息稍高一点。这一数目可以让孩子觉得争取“利息”是值得的。但是，“利息”也不能太多，在这一点上，父母必须有足够的判断力，并要足够谨慎。

当然，对于第一种定期给孩子付钱的方法，就没有必要支付利息。父母对孩子付息可以在任何适当的时候进行。当孩子向父母要钱，父母就可以翻开他的账本，看看他账户中的余额还有多少。如果还有，孩子就可以在余额的范围内支取他想要的数额。可以一个月为一个时间段，或是在任何方便的时候整理一下账户余额。

这个方法所要做的工作，非但不麻烦，反而会逐渐成为父母快乐的源泉，对孩子而言，亦是如此。这可以让父母省下许多时间，并逐步向孩子传授了许多积极有用的信息。

金钱的使用：学会让孩子自己承担责任

金钱的使用对“让孩子朝着他应走的方向”发展意义重大。比如，无论是父母定期给孩子的零用钱，还是父母给他们的报酬，这些都属于孩子可以掌控范围内的金钱。父母可以规定把其中的四分之一或二分之一做一些长期的投资，或在保值银行开一个账户，或是以其他的方式来使用。银行的账户或其他的资金凭证，都可以作为孩子的财产保存起来。

至于剩下的另一部分金钱，则可以作为孩子的零用钱。这部分钱完全应该让孩子自己掌握。唯一需要注意的是，他们不能用这些钱去购买任何可能会给自己或别人造成危险、伤害、打扰的东西。母亲可以向孩子提供一些如何使用金钱的信息和建议。整个计划的目的，就是要让孩子在实践中得到管理和使用金钱的深切感受。只有这样才能真正锻炼孩子的判断力，练就缜密的心思。正如孩子不能一直靠大人的搀扶来学习走路一样，如果孩子不能以一种符合年龄的方式来承担管理金钱的真正责任，他们就不可能成为一个好的管理者。如果一个男孩想买弓和箭，在这种情况下，父母不允许孩子这样做也是有道理的。因为在玩耍的时候，弓和箭存在着危险的因素。但是，如果他想买一只风筝，母亲却不能以“风筝太大了，孩子自己无法控制风筝”“房子周围有许多树木，他会把线缠在树上”等为借口反对孩子的想法。她可以向孩子说明这些情况出现的可能性。而孩子听不听，这就是他们自己的事了。但母亲一定不能表现出不想让孩子买风筝的意愿。你可以说：“孩子，这是你可能会遇到的情况，但如果你认为还是自己的想法好，可以大胆去做啊！”

当孩子在放风筝时，遇到了一些问题，例如他无法控制风筝，或是把风筝挂在树上。在这个时候，母亲一定不要得意扬扬地说：“我不是跟你说过了吗？你就是不听我的话。现在，你自己看着办吧。”相反，在这个时候，母亲应该主动给予孩子帮助，努力缓解他的失意情绪。她可以说：“孩子，没关系的。这当然是一个损失，但是你做了自己认为应该做的事情。我们在做事情时，的确会遭受一些损失，即便在当时，我们认为那样做最正确。今后，你可能在花钱方面还是会犯下许多错误，遭受损失。但这给了你一个像男人一样去承担责任的机会。”

金钱的使用：让孩子懂得义务

假如父母是具有高尚情操并值得尊敬的人，特别希望孩子在走向成熟的这一段时期，能够对金钱有正确的认识，他们就会发现，从小培养孩子正确处理金钱方面的关系是多么重要和棘手。在每次与孩子发生金钱上的关系时，他们都会感到，孩子对待金钱有一种精确、严谨的态度和全局的思维是十分重要的，必须要从一开始就通过自己的言传身教来让孩子养成这种习惯。与孩子在金钱方面打交道，他们完全没有必要去占孩子的便宜。在许多方面，他们也许是慷慨大方的人，但在孩子的账本上必须保持严谨的态度，他们不能找借口推诿，一定要履行自己的承诺，同时也要让孩子履行义务。

不妨与孩子进行一些小小的交易

父母与孩子可以通过创建定期交易的方式来管理孩子的零用钱。他们会发现，采取一种有计划的商业模式，并把这种做法扩展到其他方面会取得积极的进展。例如，一个男孩把他的零用钱用在“买手表”一项支出上。如果孩子存储的钱只够手表价格的一半，此时，父母可以借给他一些钱让他把这只手表买下，但是他要从日后的零用钱中拿出一部分把买手表的钱还给父母才行。父母所做的是一种抵押行为，他们可以用很简单的词语向孩子解释这一点。孩子的这只表作为父母提供金额的担保，直到孩子把因买手表而借的钱全部还清，这只表才是真正属于孩子的绝对财产。在孩子成长的岁月里，父母与孩子之间可以开展许多这种形式的交易。这种交易对双方来说不仅充满乐趣，还会让孩子对此产生浓厚的兴趣。在不知不觉中，孩子可以学到许多关于金钱交易的实用知识，养成以全局的观念去思考问题的习惯。

在这一做法的执行过程中，孩子会进行一些模仿，他们会从中获得无穷的乐趣。我可以举一个例子。一个在孩子中间运作的“银行”就取得了很好的效果。其中一个孩子被推举为“董事长”，另一个小孩被任命为付款员。而总账则由出纳员来负责，还有一群“股东”，按照他们年龄的大小来决定每人所拥有的股份的数量和比例。而这个“银行大楼”也只不过是一个很小的“玩具秘书”，这个“秘书”其实是一种类似于保险箱的东西。在那里不时会“神秘”地出现一些小额的钱币。而这些“小股东”对这个“银行”利润的来源根本毫不理解，他们却知道，一些真正的股东是在高楼大厦里认真地工作。

每隔六个月或是在其他时候，他们会对所得的钱进行一次清算，然后就“分红”。这完全是以一种定期的商业模式开展的。

这一类型的方法所取得的效果，不仅让孩子在童年时光过得逍遥自在，而且为他们长大之后进入更为正式的商业生活提供了许多关于金钱管理的实用知识。而这种知识常常需要在很长的一段时间之后才能获得，而且常会以一些痛苦的经历和遭遇为代价。

事实上，在一般情况下，只要父母对这一方法有着充分的了解并加以运用，将会使孩子的商业能力取得长足的进展。父母可以在孩子心智成熟之前，就把这种方法拓展到其他真实、正式的情景。例如，一个自幼受到这一方法培养的男孩，在十到十二岁的时候，就会变得很精明。他可以在买帽子、长筒靴和鞋子时和父母签订合同，而在几年之后，他就可以拿出一笔年度的资金。父母与孩子之间的合同也可以把范围拓展到所有的衣服上来。比如，在买帽子的例子中，这笔固定资金的存在，将会在孩子不计后果花费时给他提个醒，让他有足够的认识。这样，父母与孩子可以通过交易的方式来达成协议。孩子再长大一点，这一方法还可以扩展到更多的方面。这一切都需要父母的技巧、聪明才智、耐心、整体思维，并做到持之以恒。当父母具有这些能力，与因为金钱的事可能带给双方无尽的烦恼、争吵以及无休止的谩骂相比，他们花在孩子身上的时间根本不值一提；就更不用说这种基础为孩子日后进入社会起到的难以估量的促进作用了。

不正确的做法会导致的苦果

这不仅关系到孩子的现状，还关系到孩子的未来。在将来，孩子长大了，就要步入社会。当他们要承担自己的责任时，就会发现自己对金钱的责任和义务上没有任何实践的训练，就会暴露出许多缺点。大城市里的富人，由于教育不当，他们的儿女挥霍无度，导致自己的晚景变得十分凄凉。这些儿女从小没有接受到来自父母的正确使用金钱的教育和指引，他们对自己的责任和义务的了解更是无从谈起。当然，在很多情况下，孩子在成长的过程中，在需要金钱时，只要向父母稍微施压就行了。在十五或是二十年之后，这种教育方式就一定会结出一枚苦涩的果子。

如何培养孩子正确使用金钱的习惯，其中所涉及的道理很简单、很浅显。父母需要做到以下几点：

在制订计划的时候，要小心、谨慎；在提出计划的时候，要冷静、沉着；在执行计划的时候，要坚定、柔和；在承诺给予孩子权利和责任的时候要坦诚；在孩子犯错的时候，要宽容大度。

但是，拥有这些素质的父母可以说是少之又少。例如，母亲做出了一个安排，孩子可以在每个星期六得到一定的零用钱。但是，母亲却在两三个星期之后将这件事忘得一干二净。当孩子过来询问的时候，她却气急败坏地吼道："现在不要过来烦我。我现在很忙。还有，我现在也没有钱。"或是当孩子提前两三天花光了钱时，他会跑过来要求母亲再给一些零用钱。在这时，母亲说："你一下子就把零用钱给用光了，这样做是错误的。我决定不再给你钱。但是，我只再给这一次。下不为例，记住了。"又或者，在一些紧急的情况下，父母挪用了孩子为某个特别目的而积攒的钱，过后却又忘记还了，等等。

以上种种缺乏体系且又善变的教育方法，将让父母之前的所有努力都付诸流水。也就是说，想要通过这些方法来使孩子学会如何更好地管理金钱，如何在履行义务时保证准时和忠实，无疑是异想天开。这种培养方法会产生这样的后果：在他还是一个男孩时，就会被人认为是一个挥霍无度、粗心大意、自私的男孩，并因而被人耻笑；而在他成人之后，他就只能与那些毫无信誉、言而无信、为了获得金钱而不择手段的家伙混在一起。在把孩子培养成这种人的"努力"上，父母一定会取得巨大"成功"的。

20

体罚并不是好方法

即使在一些极端的情形下，父母也千万不能使用体罚的方式。其中一个重要的原因是，体罚会留下伤痛，这种伤痛不是留在孩子的心中，而是留在父母的心中。这种记忆在一个孩子的身上会很快消失，而在父母心中则会停留很久。

A b b o t t

在这样一本阐述如何通过柔和方式来建立和维持有效教育的书中，体罚这一内容应该不会占有一席之地吧。但是，我们在这里只是从一个哲学的角度出发，对这种方法进行简短、清晰的审视。

《圣经》的训导

在《圣经》中，许多教育孩子的内容都被认为是极为重要的。毫无疑问，在那些段落中，“棍棒”一词指代父母的权威，这与古希伯来作家在行文习惯上是一致的：即通过一些肉眼可见的实体，或是其他实体来代表一般性的概念。例如，宝剑象征着君王的权威；太阳、雨雪被认为是自然向邪恶和善良赐予的真诚和有益的力量。这都不是特指、专指一些具体的事物，而是指代自然界所有的有益影响。因此，在所罗门的训谕中，关于“棍棒”的使用无疑会让许多父母认为在建立对孩子的绝对权威时，这是必需的。但是，父母也可以通过柔和的方法来获得绝对的权威，没有父母会愿意使用“棍棒”。而如何做到这一点正是本书所要告诉读者的。

因此，从这一点看，孩子毫无疑问要屈从于父母的权威。那些遭到后人争议的段落恰恰表明了这一伟大真理。孩子一定要受制于父母理智的教育，这是事实，但这应该是父母的理智，而不是父母对孩子心灵的控制。如果孩子天资聪颖，就能够马上明白什么对他是最好的，而且有足够的自制力去追求适合自己的东西，抵制住自身的动物性本能、倾向等不良诱惑，那么，孩子就没有必要在那么长的时间内受制于父母的权威。但是，只要他们心智仍不成熟，父母就不能对他们完全放心。因此，他们也就必须服从于父母的意志。孩子越早明白这一点，父母的教育所能收到的效果就越好。对于父母、孩子而言，都是如此。

何时会用到体罚

如果有可能，父母一定要通过柔和的方法来建立对孩子的权威。但无论如何，这种权威是必须要建立起来的，而且还要牢牢地加以巩固。如果父母除了对孩子采取体罚的方式之外就不知该如何教育孩子，那么，体罚也比放任自流强多了。如果我们的眼光能看得更远一点，我们就会发现，在某些情况下，父母对孩子的体罚是建立权威的唯一方法，有两种情况是需要特别考虑的。

“老师”实在太无能

一位在大学任教的老师发现，因为前任老师的教育不当，班上一些学生变得难以教育和驾驭。这位老师发现如果不采取“棍棒”政策，就无法建立起自己的权威。如果情况真是这样，在某种程度上，也显示了这位老师能力的匮乏。因为这位老师完全可以通过对人性的了解，利用一些技巧，或是在旁人看来很神秘的方法，与这些学生成为朋友，给他们一些教育。老师无须使用任何带有暴力性质的行为、责备，甚至连眉头都不用皱一下，就可以使学生在一周之内完全服从自己。而也许，现在是每个老师都应该掌握这种能力的时候了。事实上，世界正明显地朝着这个趋势发展。在最近一段时期，老师的教育方式和教育模式已经开始对学生产生越来越重要的影响。

今天，在这一方面，我们的观念与那时相比发生了惊人的变化。现在，在不实施体罚的前提下，老师能否管得住男孩，体现了老师在运用技巧、知识以及正确认识方面的能力。也许，现在我们还不能一下子就要求所有的老师都掌握这种技能，以保证他们在日后任何情况下都不会对学生使用体罚。但发展潮流却在迅速地向着这种趋势前进，甚至在某些国家可能已经达到了这种程度。在那个时代完全来临之前，现在有些老师还是靠对学生的体罚来让学生学习一些道德或是智力能力。这些老师应该认识到，正是由于自己缺乏对学生能力的认识、缺乏控制自己的必要技巧，才使自己在教育孩子时只能采取体罚的方式。尽管这样，我们也不能因此而完全怪罪于他。

因父母的疏忽和教育不善而被宠坏的孩子

在一个家庭里，由于父母疏于教育或是教育不当，男孩们会养成粗鲁、叛逆的毛病。而对人类心灵的感情和冲动的认识，父亲不仅资质不够，又是那么的愚钝。在这种情况下，我甚至愿意承认，这其中的问题在于，是否该通过体罚的方式来获得孩子的服从，还是放任他们为非作歹。如果父亲忙于自己的事情而忽视了对孩子的教育，父亲与孩子之间从来没有建立起任何共同分享的情感纽带，父亲对孩子所喜爱的东西毫无兴趣，那么父亲也没有足够的能力通过道德的力量来使孩子养成服从自己的习惯。如果孩子的母亲是一位软弱、优柔寡断的女人，她沉迷于追求时尚潮流，而把教育小孩的任务交给保姆；在这种教育之下，孩子当然会变得暴躁、为人刻薄、难以驾驭。但他们逐渐长大，体内不断增长的精力让他们变得躁动不安，变得越来越难以相处。通常，在这种状况下，父母又没有足够而适当的知识和能力，采取柔和的办法来改正孩子的错误。在他们眼中是可行的办法，不是对孩子进行体罚，就是把这个难以驾驭的家伙送到学校去。幸运的是，后者是最适合的，也是父母们经常采用的方法。如果连这种方法都不能把孩子教育好，那么，相对于放任不管，父母的“棍棒”政策还是要强得多。

在我看来，父母都应从一开始就以本书阐述的道理或是类似的方法来教育孩子。无论在任何情况下，都要谨记不要对孩子使用暴力。

孩子固执地与父母持久对抗怎么办

如果孩子非常固执，或正处于气头上，母亲却强迫孩子去做他拒绝做的事情，母子俩将会因此陷入一场对抗。这在我看来是很不明智的做法。如果在父母适度的警告之下，孩子屈服了，这问题倒不大。尽管孩子还处于年幼时期，但有时他的固执以及对某事坚持时间的长短却会显示出一种神秘的、难以解释的东西。在一些低等动物中，我们有时也会观察到相同的、不可思议的固执性。我们一般会认为，孩子维持这种固执的原因，是他的理智和坏脾气奇怪地结合起来了。对此，我们难以做出解释。孩子在这种争执中表现出来的坚持程度让我们感到震惊，这不是一般理论可以解释清楚的，他们的大脑被刺激得异常兴奋。从很多例子可知，有些孩子坚决不服从父母的一个很简单的命令。而在大多数情况下，在孩子进行长时间的对抗之后，父母会绝望地做出让步，而且还要迫不得已想出一个貌似合理的理由来结束这种对抗。

事实上，当我们认真思考这个问题时，可以看到，父母要想在这场对抗中取得胜利是多么困难。因为这无疑要让孩子从心底服从你的意愿。通过一些言语上的恐吓，我们可以控制另一个人的身体活动范围，还有许多间接方法来劝诱孩子服从我们。但在这种对抗中，我们却总想尝试通过一些外在的力量来使孩子服从我们的意志。因此，父母要想在这场对抗中“取胜”是一

件难事，我对此一点都不感到惊讶。

有时，为了维持自身权威，父母或老师会卷入与孩子的对抗之中，但是，这是毫无必要的。在我看来，当孩子固执地拒绝去做自己必须要做的事情时，要想避免这种对抗的发生，父母可以给孩子一些适当的惩罚，迅速地将整件事结束。父母决不要妄想通过不断的惩罚，可以使孩子最终服从。例如，一个孩子和妈妈逛商店时，想买一顶绿色的帽子，妈妈却认为孩子应该戴一顶灰色的帽子才合适。她把那顶绿色的帽子放回原处，而给孩子买了一顶灰色的帽子。孩子死活不肯要，还狠狠地把灰色帽子扔在地上。这时，母亲会变得气愤难抑，于是决定惩罚孩子。她要求孩子马上将扔在地上的帽子捡起来，她认为这样做是孩子的职责。如果孩子拒绝，她会坚持惩罚孩子，直到他把地上的那顶帽子捡起来，戴在自己的头上为止。

但在我看来，结束这种对抗更为稳妥和有效的途径是，母亲需要全面地审视整件事。其实，在这件事情上，孩子只是在反叛母亲的权威。母亲可以将帽子捡起，放回原来的位置，然后考虑一下该如何对孩子做出适当的惩罚。她可以禁止孩子外出，也可以保留这次惩罚，或是在哪天晚上让孩子提早一个小时上床睡觉。总之，母亲决定是否加重对孩子的惩罚，一定要考虑到孩子的年龄和其他的因素。无论怎样，她把整件事限制在孩子对她的一次性不满和叛逆上，而没有重新再对孩子发出命令，没有再给孩子重复固执行为的机会，因而也就不需要再对他进行惩罚了，这件事到此终结。又比如，一个男孩在对着母亲背诵课文时，故意漏读了一些词语。母亲没有因此与孩子进行任何争论，而是把书合起来，放在一边。男孩清楚在这种情况下，母亲通常的处理方法就是晚一些再对他进行惩罚。他对母亲说，如果能再给他一个机会，他会把刚才漏读的那些词语补上。

“不行，我的孩子，机会已经过去了。你应该在适合的时候尽到你自己的责任。你没有听话，我会决定自己该怎样做的。”母亲说。

在这种情况下，当这件事引起的一切兴奋和激动平复之后，母亲会找一个适合的时机，对孩子错误的行为采取一些适当的惩罚措施。如果这种方法始终能够以一种镇静、柔和、坚定的方式执行，那么母亲将最终取得圆满的胜利，而孩子这种反叛的念头也会慢慢地消退。

躯体的疼痛会很快过去，心灵的创伤会停留很久

日常生活中，在一些紧急的情况下，对孩子体罚是父母采取的最为短时的处理方式。在当事人处于气头上时，体罚的方式可能是最有效的。父亲可以很快就出手打出一巴掌，母亲也知道在当时自己没有充裕的时间去选择一些更加柔和的方法来处理。尽管她也会承认，如果有足够的时间，她也会采取一些柔和的方法，而柔和的方法当然是最佳选项。本书所讲的处理方法是需要父母花费时间和精力去做的。更为重要的是，他们要有一颗坚定执行的心。现在有一些父母，他们对孩子日后的幸福和快乐没有给予足够的关注。父母只要想想，到了年老时，当自己的幸福是多么依赖于儿女时，他们也许就会幡然醒悟自己当初不应该忽视孩子。这种醒悟足以让他们为此投入更多的时间和精力。到那时，他们无疑会找到比这里所推荐的更为有效的途径去实现这一点。

即使在一些极端的情形下，父母也千万不能使用体罚的方式。在我看来，其中一个重要的原因是，体罚会留下伤痛，这种伤痛不是留在孩子的心灵中，因为孩子心中的伤痛马上就会过去；这种伤痛是留在了父母心中。这种记忆在一个孩子的身上会很快消失，而在父母心中则会停留很久。更为可怕的是，这种伤痛的记忆可能会在未来的日子中又重新泛起。鉴于这样的思虑，无论出于什么原因，父母千万不能在气头上对孩子体罚。尽管孩子当时所犯的错可能会让你感到无比气愤，你也觉得自己必须惩罚他才能消除心头之气。现

在，当你心爱的孩子因粗心大意而犯下一些错误或造成失败时，这些会让你气急败坏，你不妨冷静思考一下，孩子之所以犯错，很可能是由于他的身心还处于一种发育的状态。

随着身体的不断发育，孩子会变得充满活力，变得易于冲动，变得喜欢喧闹，这些都会让你感到烦恼。当孩子的这些机能渐渐到达了成熟阶段，他就会从一个受你控制的孩子成长为一个真正的成人。当他独立之后，他会时不时地回来看望这个记载了他年少光阴的家，怀着对母亲的感激回忆，给你带去充满爱意的礼物。而此时，你或许会为自己当年一怒之下让孩子遭受痛苦而感到内疚万分，或是想着如果当时能采取其他的方法来达到目的，那该多好啊！在多年过去以后，当你蓦然回首，当初孩子让你感到愤怒的那些表现早已经不见了，但你还是会因为自己当年对孩子的惩罚而感到莫名的伤心和难过。你可能会自言自语地说，我当初那样做也是为他好啊！如果我不那样做，我的孩子可能就不会像今天这样成熟了。如果孩子还记得这些事情，他毫无疑问会附和母亲的这种说法。但对双方来说，这些刺痛的回忆仍是存在的。

本书的主要内容还是那句话——父母一定要教育好孩子。父母必须要维持对孩子的绝对权威，倘若父母有足够的能力运用柔和的方法去实现这一点，那就最好不过了。

21

让孩子知道对父母感恩

有的母亲会因不能唤醒孩子心中对自己的感激之情，得不到孩子给予的安慰和快乐而感到苦恼。母亲这样的想法，与在错误的季节收获果实的愿望其实是一样的。在孩子小的时候，母亲获得的是孩子的第一种爱，在孩子慢慢长大之后，肯定会获得孩子的第二种爱。

A b b o t t

许多父母常常会因孩子毫无感恩之心而感到痛苦不已。他们希望可以得到孩子对自己的爱，他们也会尽自己的全力去获得孩子的这种爱。他们为孩子做出各种牺牲，在生活的各个方面表示出对孩子的爱意。但是他们却常常感到，作为回报，自己并没有得到孩子的感恩和爱意。如果他们看到孩子感恩的举动，内心就会感到快乐、幸福，但孩子表现出来的却只有自私。孩子在遇到麻烦、碰到危险的时候，会二话不说马上跑到父母身边。孩子认为，在父母身边可以获得安全和满足。但我们也经常看到，他们对父母给予他们的安慰和快乐却回报甚少，甚至从来没有回报的这种念头。他们觉得自己没有必要去做什么事来让父母感到高兴。倘若每位父母对孩子都有这种感觉，就有点夸大其词了。但是，有这种感觉的父母，比例还是很大的。

爱的两种形式：获得爱，给予爱

在一个成熟的心灵中，往往会产生两种截然不同的爱。这两种爱都是对某一事物表达感激，即获得爱和给予爱。事实上，这两种爱又是相互交织的，或者说是处于一种紧密的结合之中，但它们的本质却是迥然不同的。打个比方，有一位年轻貌美的女士，她可能对与她约会的绅士有着强烈的迷恋，就像一位妻子对自己的丈夫那样，她们都想从对方那里获得特别的关爱和关注。如果他邀请她乘马车一起郊游，或是送她一份礼物，或是对她表现出比别人更多的思念，千方百计地逗她开心，她就会感到特别开心。这就是爱，是很纯洁的爱，其表现形式是，她想从心中所爱的人给予的友善和帮助中获得特别的乐趣。这种爱无疑是真实的，因为很多人都可以从他们的经验中得知。这种爱可能很强烈，但是她却不想牺牲自己的娱乐和舒适来回报对方。

同样的道理，一位绅士可能对一位女士充满了爱意。他愿意走进她的世界，喜欢和她在一起。当她做出一些牺牲来表达自己的爱意，或是以其他方式来表达爱意时，他会感到特别高兴。这种爱可以与另一种爱相结合，这又让他反过来为她做出牺牲。这两种爱通常是共存的，但是性质却截然不同，而且显得那样泾渭分明。我们看到其中的一种爱意是那么强烈，而另一种却显得那样暗淡。你爱一个人，只是想从他那里获得关注和帮助，而在与己无关的事情上，却很少想过自己也要努力地帮助别人，让他们也感到舒适、幸福。另一方面，你可能深爱着一个人，可以为他的幸福做出所有牺牲，克制自己来让对方获得幸福。

在一些情形下，这两种爱其实是完全分离的。这两种爱可以完全独立存在。有一个好心人出于对穷人的善心，可能愿意大费周折让他们感到舒适、幸福。在这个过程中，他因取得的成就感到快乐，但他对他们却丝毫没有另一种爱，他没有想要从对方那里获得关注和友善，也没有想走进他们的世界。

另一方面，孩子对母亲的爱却刚好与上面的例子相反。孩子对母亲的爱有以下表现形式：他们喜欢和妈妈在一起；在悲伤、痛苦的时候，他们想从母亲的怀里获得慰藉。当然，他们心中也有想要努力地回报母亲的愿望，例如，平时要多听母亲的话，为她的幸福牺牲自己等。

孩子情感发展的顺序

这两种爱在心灵中显示的特点和性质是不同的。它们在发展过程中，在人生的不同时期分别到达成熟期。所以，有的母亲会因为不能唤醒孩子心中对自己的感激之情，得不到孩子给予的安慰和快乐而感到苦恼。母亲这样的想法，与在错误的季节收获果实的愿望其实是一样的。在孩子小的时候，母亲获得的是孩子的第一种爱，在孩子慢慢长大之后，倘若你能够耐心地等待，你肯定会获得孩子的第二种爱。现在，每当有紧急的事，他都会跑到你身边，向你要他想要的一切。其实，在碰到困扰、遭受痛苦、失望、悲伤的时候，除了在你的臂弯，他无法从其他人那里获得安慰了。但是，当你生病之时，他却无动于衷；当你正忙碌之时，他会时不时地打扰你；当你疲倦之时，他会不管三七二十一，一定要你背他。

但在他到一定的年龄后，这一切都会发生变化。二十年后，他会把所有的烦恼都掩盖起来，不会再找你寻求慰藉。他会在自己的世界里追寻目标，不再整天围着你转。但他会一直记得你曾经给予过他的安慰和快乐。在你年老之时，他会时常看望你，带去你喜欢的礼物，给你无限的关注，做一些让你高兴的事。受伤的时候，他不会再往你那里跑；但如果你发生了什么事，他会二话不说地赶到你身旁给你帮助和安慰。因此，在这个时候，你就会获得孩子对你感恩的爱，你会因此感到满足。当他还小的时候，他给予你的是第一种爱，因为他仍然处于发展的阶段。这个事例说明，人类心灵的功能，或者说人类灵魂的发展趋势，就像动物的本能一样，是按照一定的时间顺序逐渐发展完善的。

诚然，当一些孩子对他们的父母表现出这种爱时，我们仔细观察就会发现，孩子的这种行为和一些低等动物在年幼的时候，必须依靠父母提供的食物和保护的本能，这二者之间惊人地相似。小鸡在任何惊恐的时候，都会跑到母鸡身边；小羊、小牛、小马亦是如此。但假如它们的母亲身处险境，它们想要去营救母亲的念头却是很微弱的，而母亲在这种情况下却刚好相反。假如这些动物的母亲也是有心灵的，那么这颗心里一定是充溢着对后代无尽的爱，却没有一丝想要从孩子那里获得回报的念头。但是，人类和低等动物之间还是有区别的。这种区别体现在他们的本能中，至少在某些方面是与本能相类似的自然天性上。

当人们在年幼的时候接受父母的恩惠，而到了一定的年龄之后，他们就会开始回报父母。而在低等动物中，这种情况好像很少出现过。嗷嗷待哺的小鸟在母亲回巢时，只顾张开嘴巴。当它们羽翼渐丰，它们就要不顾一切试着飞行了，全然不顾母亲的忧虑和心焦，它们对此没有一丝体谅。当它们羽翼丰满，就会一飞而不再回头了，永远地离开了那个曾经养育过它们、不知疲倦地为它们提供保护和食物的母亲；更别说在母亲年老时，为母亲提供保护和食物了。

小孩子会很任性，对自己所要承担的责任和义务毫不在乎，对母亲的愿望和感情也是毫不关心。因为此时，他对母亲的爱表现在：当缺少东西，遇到烦恼、悲伤时，他会跑到母亲身边，向母亲寻求安慰和保护。而当他长大之后，他就会以一种感恩之心去回报母亲。在这时，他对母亲的爱就会转变成另外一种爱，他不再想从母亲那里获得什么，而是只想向母亲回报更多。当母亲缺少什么，他就会尽全力去帮助她；如果母亲处于悲伤之中，他就会给予她安慰；他会怀着感激之情把一些东西回报给母亲，让母亲在家里能够过得高兴；在母亲老年之时，他会揣着真诚的爱去看望一直爱着他的母亲。

孩子所有的这些变化，不是人类达到成熟之后就会自动出现的本能，而是人类心灵发展成熟使然。必须承认的是，这种能力在某些情况下发展的速度是很缓慢的，而在有些时候，甚至根本得不到发展。但在人类的本性中却总是有这种发展的潜力，而低等动物则没有。

现在，父母必须要耐心地等待孩子这些情感的成熟。倘若这种情感还没有出现，父母也没有必要感到烦恼。父母可以通过一定的努力来培养孩子这种情感的发展，这对孩子朝着这方面的发展有积极的影响。这种做法和培养孩子的道德感的原理是一样的。与培养孩子的同情心和怜悯心一样，培养孩子对父母的感恩之情，也不能通过干巴巴的说教，让孩子以为这是自己的职责所在。父母应该让孩子爱上自己，然后再顺其自然地向他展示出这些感情。相反，如果父母通过一种不自然的方法来达到这一点，会让孩子感到愤怒，会在孩子的心里留下阴暗面。而你自己也会因此而经常脸色阴沉，在孩子违背自己的意愿时给予强烈的指责。

所以要想唤醒孩子心中对父母的感恩，父母一定要谨慎地去认同孩子的想法，和他们产生共鸣。小孩服从母亲时，会表现得很不情愿，假如母亲以一种直接、浅白的方式与孩子进行“正面交锋”，向他解释自己的义务——他应该要去做一些事情来回报父母，这样的说教是起不到任何正面作用的。孩子反而会觉得这是母亲的责备，无论表达这种责备的方式是多么的温和、谨慎，都将使孩子充耳不闻，这些是母亲必须要铭记的，就这么简单。

但是，当孩子愿意做出一点点牺牲来让母亲感到高兴时，母亲也应该有所表示。这时，她说话的语气应该充满赞扬、鼓励，这会使效果大为不同。这种情感是不会被孩子拒绝的，他会敞开自己的心扉来接受。这种形式的对话将会取得积极的效果。即便母亲的说教有点迂腐，也还是会取得一定的效果。

我们可以把这种共鸣感作为接触、影响孩子心灵的一条途径。

例如，在某个春天的早晨，在吃早餐之前，母亲和七八岁的小女儿站在门口听着附近树上小鸟在叽叽喳喳地唱歌。母亲指着树悄悄地说：“听！”

当声音停止的时候，她以一种兴奋的表情望着女儿说：“因为小鸟唱了这么悦耳的一首歌，你觉得我们把一些面包屑分给它们吃怎么样？”

“好的。”女儿说。

“真的吗？”

“是的，妈妈。我非常乐意分一些面包屑给这些小鸟。你认为它们是在为我们唱歌吗？”

“我不知道它们是不是。”母亲说，“我并不知道它们唱的歌是什么意思。不过我想，它们看到我们应该感到很高兴，否则它们不会成群结队地来到我们的屋前。它们也有可能是看到我们站在门前，所以才会快乐地唱起歌来。不管怎样，如果我们把这些面包屑作为对它们唱歌的奖赏，这一定会很有趣。”

女孩也是这样认为，然后她雀跃地跑去把一块面包撕成碎屑，撒在路上。

整件事将会唤醒她心中尚且朦胧的感恩之情，并且珍视这种情感。在这个事例中，即使母亲的做法取得的效果可能不会很大，但是这种做法却是正确的。这就好比一株刚从地面上探出头的嫩芽，一滴甘露滋润了它的嫩芽，然后慢慢地渗透，继续滋润它的根系。当女孩独自坐在门前，专心致志地把面包屑一点一点扔给小鸟，心中会回想着母亲说过的话。如果之前孩子心中这种感恩的念头还没发芽，那么从这时起就开始发芽了。

感恩教育的培养

当然，母亲利用小鸟唱歌对孩子进行教育，这种做法只适用于年龄很小的孩子。而对稍大一点的孩子来说，个中原理还是一样的，但是处理的状况和方式，必须要符合相对成熟孩子的心智。

举个例子，罗伯特今年十二岁，近来生病了，在他身体逐渐康复期间，比他大两岁的姐姐玛丽经常前去照顾他，还不时地给他带去书本和玩具逗他开心。在一个春光明媚的早上，身体完全康复的罗伯特和母亲一起坐在花园里晒太阳。母亲对他说："在你生病期间，玛丽对你真好啊！"

"是的，她真的很好。"

"如果你愿意做一些事来报答她，我将告诉你怎样做才最好。"母亲说。

如果母亲没有这样讲，罗伯特可能就不会特别地想到应该做什么回报的事情。罗伯特说自己很愿意为玛丽做一些事情。

妈妈说："那么，你可以在院子里为她建一个小花园啊。我可以整理出一张床大小的地方让你在那里种一些花。我会为你买一些种子。我也将为这个小花园出一份力。你也知道，在你生病期间，她也帮了我不少忙。"

"好的。我很愿意这样做。"罗伯特爽快地说。

"你现在身体好多了，又回到了之前强壮的状态。所以，你可以很轻松地完成这件事。但除非这是你自愿去做的，否则，我也不能逼一个男人去做这件事。如果你自己愿意做，玛丽会觉得很高兴的。因为这代表了你对她的感激和爱。"

"是的，我愿意自己一个人完成。我现在就开始做。"

如果没有母亲的这个建议，罗伯特很可能不会产生任何报答姐姐的念头。其实，在他的心中，这种感激之情是存在的，或者更准确地说，这种感激之情存在于他的潜意识之中，但是，这种感情还需要别人一点点地指引和点化才能使之觉醒。值得注意的是，母亲不仅教会了孩子要对别人给予关怀，同时还指引他以实际行动去做。那么，这种潜意识就得到了催化和生长。这样，下次不用母亲提醒，孩子心中的这种感情就会自动冒出来，就好比从地面探出头的植物，它所处的环境并不完全有利于成长，因此它需要帮助和鼓励。

在适宜的时候，几滴甘露将有助于它茁壮成长。到最后，它就可以不需要外在的帮助了。

但这样做一定要有周详的考虑、足够的技巧，同时也对当时的情况有准确的把握，但最重要的一点是，在这一过程中一定不能包藏着任何自私的目的。否则，这就好比你对一株还很稚嫩的植物给予过度的灌溉，将会淹没、摧毁它。你尝试对孩子做一些道德上的说教，而实际上却隐藏着其他的目的，表面上的道德说教只不过是一个幌子。

例如，在与上面类似的另一个例子里，在埃格伯特生病期间，姐姐也给予了他无微不至的关怀。埃格伯特刚从病中康复，就在某天的下午跑到母亲身边，要她准许自己跟其他孩子一道去钓鱼。对于钓鱼，他总是充满兴奋和热忱。但是，母亲看到天边的乌云，想着他的身体还没有完全复原，所以不想让他去。另外，她还担心存在其他危险。在深思熟虑之后，她做出决定——不能让孩子去。但是，她并没有以一种冷静的语气说出这些话，尽管这不能避免让孩子失望，但是至少可以减少这种不满情绪持续的时间和程度。相反，她不说任何理由，坚持自己的决定。

“不行！埃格伯特，如果我是你，我是不会在这个下午去钓鱼的。我想，马上就要下雨了。还有，在这样凉快的天气中，在花园里玩耍是最好的。露丝想在院子里拥有一个自己的花园。在你生病期间，她对你多好啊。你为她建一个花园作为报答吧，这是一个多么好的主意啊。我想，你也想证明自己不是一个忘恩负义的人吧？”母亲说。

接下来，他们母子俩又进行了几轮交锋。埃格伯特始终以一种软磨硬泡的方式，坚持说自己要去钓鱼。他说，自己可以改天再建造花园。尽管很不情愿，母亲最后还是同意了。因为，在孩子开始说要去时，母亲表示坚决反对。所以，他们之前的对垒消除了母亲的许可中所可能包含的一切慷慨和亲切的成分，而且还糟蹋了孩子去钓鱼的乐趣。而当他去钓鱼的时候，她还是照样那么担心。

在这种教育方式中，我们可以清楚地看出，尽管从表面上来说，母亲要求孩子要怀有感激之情，但却没有取得半点成效。孩子的这种情感尚处于萌芽状态，但母亲这种急功近利的方式只会使孩子变得比以前更加自私、更加冷漠。

因此，培养孩子形成这种感恩的情感是一门艺术。这跟培养孩子的道德观念原理是一致的。我们不能通过赤裸裸的说教或是填鸭式的教育来让孩子拥有这种感情，这是需要技巧和能力的。最为重要的是，要有一种没有城府的诚实和坦荡。母亲要发自内心地希望在孩子心中树立起正确的道德观念，而不是在表面上做些形式上的功夫，来达到自己一时的目的。孩子往往很容易能够看透父母各种潜藏的目的。他们有时会用这一招来虚晃父母，但他们在洞察别人是否用这招时，却更为厉害。

其实，父母采用正确的方法，以柔和、谨慎的方式来教育孩子，这对父母并没有多高的要求，需要的只是一种正确的精神。这样，随着时间的推移，父母的教育必然能取得好的结果。母亲能坚持这种正确的做法，却又不能急于让其结出甜美的果实。她们将会饶有兴致地看到，在孩子长大之后，受内心的驱使，就会自愿地承担一些麻烦和责任，或是牺牲自己为母亲带来一些乐趣。到那时，母亲就会感到双重的满足。她获得了孩子带来的乐趣，同时她也很高兴地发现，曾经一度看上去很脆弱的植物，甚至她曾绝望地认为不会结出任何好果实的植物，居然能够挨到成熟结果的时节，甚至在她日后的岁月里可以收获更多真诚而又丰满的果实。

22
结　语

在婴儿时期或是童年时期所形成的印象的性质和特点，会影响我们成年之后的许多思维、观念和行为准则。因此，所有的父母都应该认识到，给孩子一个快乐的童年，这不仅是为孩子眼前的快乐、幸福着想，更肩负着塑造孩子心灵的重要责任。

A　b　b　o　t　t

对每个人来说，只要掌握了审视与分析自己心灵的技巧，就能发现一个普遍的规律：一些外部的风景及因此在他内心所形成的心理图像，或是一些在想象中让他感兴趣的事情，都是因为之前的事情中或多或少地存在这些原型而形成的，而且通常是受到一些儿童时期所经历的事情的影响而形成的。例如，他曾经读到过一些发生在英国皇宫或是城堡的故事。如果他仔细思考，就会发现在他脑海中对这些画面所形成的基本概念，通常是源于他在早期生活中看到过一些漂亮的房间，然后进行整理从而形成了属于自己的记忆。因此，那些吸引我们注意力或是在童年时期给我们留下深刻印象的一些事情，便都成了人们脑海中记忆的原型，这些对我们日后所形成的观念多少会有影响。

人生早期留下的印象影响深远

只要仔细地想一下这个问题，或是认真地思考一下自己心灵的运行状态，很多人就会注意到，儿童时期在他们脑海中留下印象进而形成基本心理结构的那些事情，将会对其日后的生活产生多么深远的影响。人们一旦明白了这个道理，就会知道，这些在儿童时期留下印象的事情在自己的心里占据了非常重要的位置。不过，如果一个孩子第一次登上一座高山，在他大脑中因为之前听过或是读过的有关高山的描述而形成的印象，便会因此而有所改变。又如，你的女儿住在农村，有一次远行到海边，她在峭壁上静静坐着，整整一个小时，看着海浪不停地拍打着沙滩。这一个小时的经历带给她的满足感是微不足道的，但是这个场景却能对她的一生产生重大影响——即使不是在心理结构上，至少也会在她脑海中形成永远抹不掉的印记。在她脑海里形成的画面，以及与之相连的情感和对她的想象与概念的影响，在有生之年，都将为她的精神注入持续的活力。

童年时形成的基本概念贯彻终生

成年人的心理结构在形成过程中，如果涉及与道德相关的一些抽象与概括性观念，与上面所说的道理也是相同的，因为上述这些观念将对人们的思维习惯及性格的形成产生重要影响。这些影响主要是由童年时期存在于脑海中的印象慢慢发展而成的。例如，一个人要在经历许多事情之后，才会对“正义”“善良”这些具有深刻含义的词语逐渐产生充分的认识。当然，在这些观念中，童年时期形成的印象一定会在大脑中占据很大一部分。因此，在每一个故事中，你跟孩子讲关于正义和善良的道理，在当时这或许只是一种零碎的印象，但正是这些在日后成为影响他们价值取向的关键因素之一。

父母应该给孩子一个快乐的童年

在童年时期，人们看到的画面和脑海中的印象所形成的观点或是概念，将在日后成为构成他们心理思维运行的元素之一。它们本身也是心灵结构中的一部分。之前残留的印象会对我们日后的行为产生影响，这看似匪夷所思，但却是真切存在的。有些哲学家坚持认为，人类的意识其实只是我们记忆中的残留印象所形成的一种必然产物，而它们又融合成一个复杂而又和谐的整体。当然，我们不能如此激进。但我们只需稍微想一下，在婴儿时期或是童年时期所形成的印象的性质和特点，会影响我们成年之后的许多思维、观念和行为准则。因此，所有的父母都应该认识到，给孩子一个快乐的童年，这不仅是为孩子眼前的快乐、幸福着想，更肩负着塑造孩子心灵的重要责任。父母有必要考虑到孩子的现在和将来。对那些可能进入孩子印象的事物要格外小心和关注。在建造这种基础的时候，一定要小心谨慎。

这种思想的其他影响还让我们明白，在教育孩子时采取柔和手段是极为重要的。父亲一时的粗暴或是愤怒的举动，虽然给孩子肉体上造成的伤害可以很快消失，但这种伤痛的记忆却并不会随着肉体伤害的消失而消失。即便后来这种记忆逐渐消退，也还是不能让孩子彻底忘怀。这样的行为给孩子敏感的感知功能留下的印记将产生持续终身的影响。要记住，有时，这种印记本身就是难以磨灭的。

因此，我们要小心谨慎地教育孩子，要让他们在童年时期留下的印象成为他们日后生活的幸福之源。诚然，孩子必须受到我们的教育。在他们的身体机能仍处于萌芽阶段，他们必须长时间处于我们的教育之下。因此，在这个时期里，我们要用理智来引导他们，而不是任由他们随着性子胡来。在这一点上，我们不能做丝毫的妥协。同时，我们也要忠实地履行自身的职责。如果我们有足够的洞察力，良好的执行能力，我们将使孩子的童年生活过得快乐，而对作为父母的我们而言，亦是如此。